DATA ANALYTICS METHODS OF
PROFESSIONAL CONSULTANTS

外資系コンサルの
データ分析技法

生成AIを使いこなすデータスキル

アクセンチュア データ＆AIグループ 著

保科 学世 監修

東洋経済新報社

はじめに

GPTが何でもやってくれる世の中になるのか？

"GPTs are GPTs" [1]

　これは2023年3月にOpenAI社のGPT開発メンバーが発表した論文のタイトルです。OpenAI社が発表したGPT（Generative Pre-Trained Transformer）という1つのサービスが、汎用目的技術（General Purpose Technology）になりうるのか？と問いかけています。

　汎用目的技術とは、第一次産業革命時代の蒸気機関にはじまり、第二次産業革命を支えた内燃機関（エンジン）や電力など、現在では人間の社会生活になくてはならないものを指します。

　昨今、ビジネスシーンだけでなく社会全体を騒がせているこのGPTという技術も、それらと同様に5年後・10年後の社会を支えるインフラ技術となっていくことは明確です。むしろもっと早いかもしれません。

　本書を手に取っていただいている読者の中にも、既に日常生活やビジネスの中でChatGPT [2]（GPTをチャット形式で利用できるOpenAI社のサービス）を利用している方は多いでしょう。大学のレポートを書くに当たって、内容やまとめ方のヒントをGPTから得たり、競合他社の最新ビジネス動向を理解するために、GPTから中期経営計画や有価証券報告書の情報をサマリしてもらったりと、活用方法は様々です。

　著者自身も日々の仕事の中で大いにGPTを活用していますが、上記のような世の中の情報をもとにしたリサーチやサマリだけでなく、簡単なプログラムコードを書いてくれたり、ちょっとした挿絵を作成してくれたり、本当に便利な時代になったものだなと感動すら覚えます。

　現状は、GPTを代表とする生成AI活用の黎明期ということもあり、

チャット形式でのAIとのやり取りがメインです。チャット形式のやり取りでは、人間は明確にAIとの会話を意識し、その結果をAIが生み出したものだと理解できます。

　一方で、蒸気機関や電力のようなこれまでの汎用目的技術がそうであったように、今後はユーザーである我々自身が製品やサービスの内部に生成AIが組み込まれているかどうかを特に意識することなく購入・利用する日がそう遠くはない未来に訪れるでしょう。

　それ自体は大変素晴らしいことですが、過去の汎用目的技術の普及と生成AIでは異なる点が1つあります。それは**問題が起こっているかを目で見て理解できるかという可視性**です。蒸気機関や内燃機関は当然のように故障やひび割れなど問題点があれば視認できますし、電力そのものは目に見えませんが家電のような組み込まれた製品自体としての問題は明らかにわかります。では、生成AIはどうでしょう？

　GPTは平気で嘘をつく、と言われるようにGPTはこの世に存在しない事実を生成してしまうこともあります。しかし、よっぽどのわかりやすい間違いであればまだしも、ちょっとした数値の違いなど本当に間違った回答なのかをユーザーが気づくことは困難だと言えます。

　もちろん、GPTが嘘をつかないようにコントロールしていくことを社会として探求していくことも重要ですが、**ユーザー自身が生成AIの概念や仕組みを最低限理解し、そのリスクや得意／不得意を認識した上で技術を活用していくという両面が重要**だと考えています。

　例えば、GPTは大規模言語モデル（LLM：Large Language Models）の1つと言われるように、言語データの取り扱いには長けていますが、従来の機械学習・深層学習といった技術が得意としてきた数値データの扱いが得意なわけではありません。近年では、GPTに機械学習や深層学習を実行するためのプログラムコードを書かせることはできるようになっていますので、間接的に数値データも分析可能と言えるかもしれません。

　しかし、この場合には、自身が最低限の機械学習の知識・スキルを持っており、それに則ってGPTに指示を出せるからこそ、最大限GPTの力を引き出せる、とも言えます。つまり、**使う側の知識・スキル・リテラシーなどの**

基礎力の底上げも重要なのです。

本書では、これからのAI時代において、生成AIの力を最大限有効活用することも含めて、AI時代だからこそ改めて理解すべき必要なデータスキルについて、特にこれから社会人になる、または社会人デビューしたばかりの方が押さえておくべきレベルを意識しながら学習していきます。

本書を学習することで、ビジネスの基本として使うデータの取り扱い・分析をご自身の手を動かして実行する力はもちろんのこと、AIに適切な指示を出すことでその力を最大限活用しビジネスシーンの最前線で活躍する人材になる力も身につけてもらえることを期待しています。

ビジネスにおけるデータ活用の必要性

GPTという新しい技術の観点だけではなく、日本という社会全体や日本企業のビジネスの観点からも、AI・データ活用が進んだ背景について改めて考えてみましょう。「ビッグデータ」や「データサイエンス」というワードが注目されて久しいですが、この20年ほどで世の中のIT技術やデータインフラが整備され、人の行動や物の動作などの結果として生み出された種々のデータが蓄積されるようになりました。

例えば、日々の生活に目を向けると、今や読者のほぼ全員が所有しているであろうスマートフォン端末においては、アプリ操作の記録（ログ）が提供元のサーバに常に蓄積されており、位置情報を取得する設定がされていれば自身がどこにいたかのデータとセットで蓄積されています。ECサイトで日々の買い物をしていれば何を買ったかだけでなく、どういう端末を通して買ったのか、クレジットカードやコンビニ支払などどのような支払手段だったかなど、購入内容以外の情報も含めて購入実績データが大量に蓄積されています。

また、ビジネスの現場に視点を変えてみても、パソコンがなければ仕事にならないという職場であれば、当然パソコンやシステム・アプリのログは蓄積されています。仮に、パソコンがなくても業務ができる職場であっても、勤怠や売上などの情報は別途Excelファイルなどでデータとしてしっかりと管理されているケースがほとんどではないでしょうか。

はじめに　iii

当然、ただデータを生み出せばいいというわけではないのですが、マクロ経済の観点から**データ流通量が2倍になると実質GDPは11～24兆円も増加する**ことが総務省の報告書でも記載されていたり[3]、**データドリブンな意思決定ができている企業ほど売上高が4.5％高い**ことが学術調査からも明らかになっていたりなど[4]、データの蓄積と活用がもたらすビジネス効果も明確に証明されはじめています。

　あらゆるデータが蓄積されるようになった結果、データを有効活用することによって問題特定・解決策検討をデータドリブンに提示することでビジネスをよりよいものにしていく機運が高まったことが、ビジネスシーンにおいてAI・データ活用が躍進した背景の1つです。これは北米やヨーロッパなど、先進国では軒並み起こっている世界的なトレンドと言え、世界の時価総額上位の企業にはGAFAM（Google、Amazon、Facebook（現Meta）、Apple、Microsoft）に代表されるAI・データ活用先進企業が名を連ねることからもその傾向はうかがえます。

　上記のような世界的なデータ活用の機運の高まりに加えて、日本においては少子高齢化といった国内の社会課題の面でもデータ活用のニーズが高まっています。2023年6月時点では日本の出生率が7年連続で過去最低を更新し、わずか1.26となっていますが、2060年の日本の労働人口は4,157万人と2020年時点の6,868万人よりも約40％減少すると推計されており、この**労働力不足を補うためにはAI・データ活用は不可欠**です。つまり、他国と比べても、日本ではデータ活用を率先的に進める理由はあってもやらないという選択肢は考えられないわけです。

　次にビジネスの場で実際にどのようにデータが活用されているのかを考えてみましょう。ビジネスシーンにおけるデータ活用は、**勘・経験・度胸（いわゆるKKD）だけに頼るのではなく、データを用いて現状を正確に把握し適切な意思決定をすることが本質**と言えます。そのため蓄積されたデータを分析・可視化し、改善に向けて人間が活用可能な形式・仕組みに整えることが必要です。

　AI・データの活用が叫ばれはじめた当初は、分析に足るほどのデータの質・量が担保されていることは稀有で、小売業のID-POS（誰が、いつ、ど

こで、何を買ったかの購買実績データ）などデータ分析を活用できる領域は非常に限られていました。しかし、昨今はあらゆるビジネスシーンでデータを蓄積することは当たり前になりつつあり、様々な業界×領域でAI・データ活用が進展しています。

　CRM（顧客管理システム）・マーケティングにおける顧客分析やSCM（サプライチェーンマネジメント）における在庫最適化といったビジネスにおいて非常に効果を創出しやすい領域はもちろんのこと、人事領域におけるタレントマネジメントや、AI・データを活用した経営判断のサポートなど、これまで人間しかできない仕事だと思われていた領域にも活用の幅は広がっ

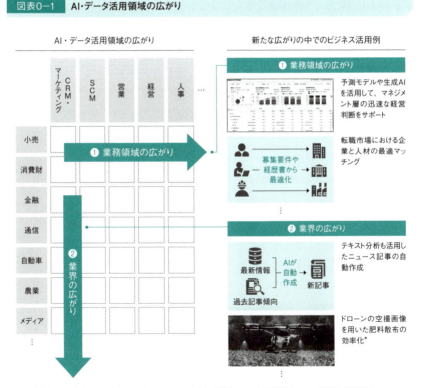

図表0-1　AI・データ活用領域の広がり

＊米国の農業用ドローン市場　2025年までに1億4,480万米ドルに達する予測｜ニュース｜生産資材｜JAcom 農業協同組合新聞
出所：筆者作成

ています（図表0 − 1）。

　ビジネスシーンにおいてこれだけAI・データが活用されている理由は大きく3つの要素に集約できると考えられます。

　　①データに基づいた客観的な事実によるビジネス判断
　　②AI・データを活用した自動化・効率化による人間にしかできない仕事への集中
　　③属人性の低減によるビジネスアウトプットの均一化・ノウハウの蓄積

　それぞれについて、もう少し詳しく掘り下げます。

①データに基づいた客観的な事実によるビジネス判断

　1つ目はKKD（勘と経験と度胸）からの脱却という面でよく語られます。もちろんKKDが有効に働くこともビジネスシーンでは多く存在し、それ自体を否定するわけではありません。実際、優秀な経営者やビジネスパーソンほどKKDが非常に優れていることも多いと言えます。

　しかし、その多くは自身が管轄している領域についての深い知見・経験があるためです。より幅広い領域を管轄するようになるにつれて、自身で細かいところまで目が届かなくなり、KKDだけでは対処できない場面が必ず発生します。そういった際にも、データをもとにした客観的な情報整理やアクションレコメンドがあれば、それをベースにして自身のKKDに上乗せしながらビジネスパーソンとして最善の判断が可能です。優れた経営者・ビジネスパーソンだからこそ、AI・データによる客観性と自身の経験に基づいた主観性の融合による価値創出が可能なのです。

②AI・データを活用した自動化・効率化による
　人間にしかできない仕事への集中

　2つ目も多くの皆様にとってすぐイメージがつくのではないでしょうか。これまで人がおこなってきた多くの作業がAI・データ活用によって自動化・効率化されるようになっています。

わかりやすい事例で言えば、チャットボットを活用した問い合わせの自動化が挙げられます。総務や人事といったバックオフィス系の業務においては、社員からの問い合わせへの回答に多くの業務時間を割かれてしまいます。これらの問い合わせへの回答を人がおこなうのではなく、チャットボットを通して代替することで、人が本来やるべき（もっと言えば人間にしかできない）クリエイティブかつ人間らしい業務への時間を確保していくことがAI・データ活用の王道アプローチとも言えます。当然、チャットボットですべてに対応することは難しいため、難易度の高い問い合わせは人へエスカレートするなどの工夫は必要ですが、それでも現場の業務工数を大幅に削減することが可能です。

③属人性の低減によるビジネスアウトプットの均一化・ノウハウの蓄積

　3つ目は、属人化からの脱却です。これは1つ目と似て非なる観点ですが、とりわけ日本においてこの要素は重要です。先述した通り、日本は年々、労働人口は減る傾向にあり、各業界でベテランの技術職員の引退によるノウハウの消失が問題となっています。

　特に3K職場（きつい・汚い・危険）では、若年層の技術者が増えず問題はより顕著です。これらの問題に対して、AI・データを活用してベテランのノウハウを定量化・AI化することにより、経験の浅い社員に対してもノウハウの伝承をおこなうことが可能です。これは技術職のみの話ではなく、例えば営業職におけるハイパフォーマーの思考・行動パターンを新人営業に実践させる仕組みとして提供するなど、あらゆるビジネスシーンにおいて同様の価値を創出できます。

データドリブン型ビジネス人材が目指すべきスキルレベル

　ここまで、あらゆるビジネスの現場でデータ活用の必要性が増大していることに触れました。言い換えると、それは**あらゆるビジネスパーソンが何かしらのデータ活用スキルを持つことが求められる時代が訪れている**ことを意味します。

　ただし、ここで誤解してほしくないのは、**全員に高度なデータ分析スキル**

や統計学の知識に精通することを求めているわけではないということです。それぞれの部署やチームで役割分担があるように、AI・データ活用においても役割があり、その役割ごとに求められるスキルレベルは異なります。まずは、本書のゴールイメージを明確化する上でも、レベル感を整理してみましょう。

図表0-2のように、データ活用のレベルを大きく3つに分けます。ピラミッドの上にいくほどデータ活用における専門性が必要とされ、下にいくほど求められる専門性は少なくてもよいものの企業としては多くの人材が必要になります。上のグループから「AI・DS（データサイエンス）人材」「データ活用人材」「データドリブン型ビジネス人材」としています。本書のターゲットとなる方は、データドリブン型ビジネス人材からデータ活用人材の入り口に該当する方、もしくはこれからそこを目指す方です。高度なアルゴリズム構築やデータ活用業務は求められないものの、現場で集計表やグラフを論拠としてデータドリブンに事実を話したり、簡単な統計モデリングについては自身でプログラミングはできずともビジネス活用アイディアを企画できる、そうしたデータ・分析結果を読み取る力を備えて業務で活用することを

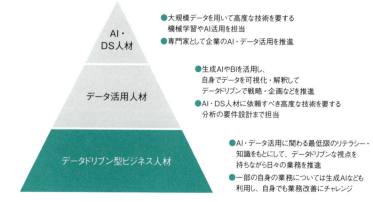

図表0-2　データドリブン型ビジネス人材の立ち位置

出所：筆者作成

ゴールとします。

　なぜ、高度な分析ができる人材だけでなく、データドリブン型ビジネス人材がビジネスシーンで必要なのでしょうか。その理由は、昨今の企業における組織内の共通言語がデータを主体にしたものに変わりつつあるためです。多くの企業がビジネス課題の解決を目的にデータ利活用に積極的に取り組んでいますが、一部の専門職のメンバーだけがデータ主体で課題の要因や解決策を語っても、KKDを主要言語とする現場メンバーにはなかなか伝わらないどころか、反発されて話すら聞いてもらえないケースも多く見受けられます。これは両者それぞれに原因があります。データ分析に長けていないメンバーが「データ分析は専門的な知識が必要で難しく、自分にはわからない」と思い込んでしまうことで、コミュニケーションの壁ができることが1つの原因であると共に、専門職側も相手に伝わるようなコミュニケーションの工夫ができていないことも原因の1つです。

　専門知識を持つ人は、その領域の専門用語を並べて説明しがちです。しかし、そのようなコミュニケーション方法では専門領域の知識を持たない人にとっては全く理解できません。場合によっては、知識のないことを馬鹿にされていると受け取られてしまうことも考えられます。こうなってしまっては、コミュニケーションとしては最悪です。どんなに素晴らしい成果だったとしても、それを関係者で共有して、物事をよくする方向に活用できなければ何の意味もありません。せっかくのデータ利活用が組織全体でおこなえませんし、仮に、無理やり専門部門が改善を推し進めたとしても組織全体の協力体制がなければ効果の最大化は期待できません。そのため、**組織全体でデータの利活用を促進していくためには、既に専門知識を持つ人材もそうでない人材も共通言語で話し合えるよう努力する必要があり、その1つの解決策として、企業のあらゆる人材がデータドリブン型ビジネス人材としての基礎的なAI・データ活用のリテラシーを備えている状態を実現することが重要なのです。**

　本書ではデータドリブン型ビジネス人材が身につけるべきスキルを1つひとつ解説していきます。ここで述べてきた通り、これからはAI・データが

社会インフラの一部として機能する時代です。

　その中で、これから社会に出ていくまたは企業で活躍をはじめた読者の皆さんがデータドリブン型ビジネス人材としての基礎を固め、その結果、中心人物として企業のAI・データ活用を推進していくことで、日本企業ひいては日本社会全体の課題がデータドリブンに改善されていく一助となることを期待しています。

CONTENTS

はじめに

第1章　生成AIを使いこなしていくために

Point1　生成AIとは ⋯⋯⋯⋯⋯⋯⋯⋯⋯⋯⋯⋯⋯⋯⋯⋯ 002
Point2　多様な生成AIサービスの広がり ⋯⋯⋯⋯⋯⋯⋯ 006
Point3　生成AIにより生産性は上がるのか ⋯⋯⋯⋯⋯⋯ 010
Point4　生成AI活用の際の注意点 ⋯⋯⋯⋯⋯⋯⋯⋯⋯⋯ 013
Point5　データの保護 ⋯⋯⋯⋯⋯⋯⋯⋯⋯⋯⋯⋯⋯⋯⋯ 017
Point6　より精度の高い結果を得るには ⋯⋯⋯⋯⋯⋯⋯ 019

第2章　データ分析プロセスの全体像〜課題定義

Point1　分析プロセスの全体像 ⋯⋯⋯⋯⋯⋯⋯⋯⋯⋯⋯ 024
Point2　課題定義 ⋯⋯⋯⋯⋯⋯⋯⋯⋯⋯⋯⋯⋯⋯⋯⋯⋯ 028
Point3　目標の明確化・合意 ⋯⋯⋯⋯⋯⋯⋯⋯⋯⋯⋯⋯ 036

第3章　データ分析のための仮説立案

Point1　仮説立案の3つのステップ ⋯⋯⋯⋯⋯⋯⋯⋯⋯ 040
Point2　仮説構築をうまく進めるポイント ⋯⋯⋯⋯⋯⋯ 045
Point3　仮説立案のパートナーとしてのAI活用 ⋯⋯⋯⋯ 049
Point4　仮説構築に潜むバイアス ⋯⋯⋯⋯⋯⋯⋯⋯⋯⋯ 053

第4章　データの収集・加工・探索

Point1　データの収集 ⋯⋯⋯⋯⋯⋯⋯⋯⋯⋯⋯⋯⋯⋯⋯ 060

Point 2	データが不足している場合の対応	064
Point 3	データ探索	067
Point 4	代表値	068
Point 5	平均値・中央値・最頻値の違い	079
Point 6	散布度	082
Point 7	前処理が必要な項目	087
Point 8	基本統計量のまとめ	100

第 5 章　データ分析の基礎

Point 1	クロス集計	104
Point 2	分析結果の可視化（グラフの活用）	108
Point 3	データ分析の基礎となるグラフ「散布図」	112
Point 4	データ分析の基礎となるグラフ「ヒストグラム」	119

第 6 章　統計解析・機械学習の基礎①　クラスタ分析

Point 1	統計解析・機械学習にはどのような手法があるのか？	126
Point 2	要約モデルの代表「クラスタ分析」	129
Point 3	データ間の距離の測り方	131
Point 4	階層型クラスタ分析	135
Point 5	非階層型クラスタ分析	138
Point 6	クラスタ分析の結果解釈	141

第 7 章　統計解析・機械学習の基礎②　回帰分析

Point 1	予測モデルを構築する上での基本知識	146
Point 2	回帰分析とは？	148
Point 3	回帰分析の仕組み	151

| Point4 | 回帰分析を実行する際の5つの注意点 | 157 |
| Point5 | ロジスティック回帰分析とは？ | 162 |

第 8 章 　統計解析・機械学習の基礎③ 決定木分析・アンサンブル学習

Point1	機械学習とは	168
Point2	決定木分析とは	170
Point3	決定木分析のメリット	173
Point4	決定木分析の仕組み	177
Point5	決定木分析を実行する際の注意点	181
Point6	アンサンブル学習とは？	183
Point7	アンサンブル学習の種類と代表的な手法	185
Point8	アンサンブル学習における結果の解釈	194
Point9	予測の精度検証	199

第 9 章 　生成AIを活用したデータ分析

Point1	チャットベースでデータ分析が可能な機能：Data Analyst	208
Point2	Data Analystを用いてデータの基礎情報を把握する	209
Point3	Data Analystを用いて分析モデルを構築する	216
Point4	Data Analystを用いて分析する際の注意点	218

第 10 章 　テキスト分析とLLM（大規模言語モデル）

Point1	テキスト分析で何ができるのか	222
Point2	テキスト分析の仕組み	227
Point3	深層学習を用いたテキスト分析	233

第11章 分析結果の読み解き・解釈

Point 1	データドリブンでの読み解き・解釈	240
Point 2	ビジネス目線を考慮した読み解き・解釈	243
Point 3	分析示唆導出の落とし穴	251

第12章 分析モデルの運用・高度化

Point 1	分析モデルの運用	256
Point 2	①CACE原理	257
Point 3	②継続的な再学習	260
Point 4	③責任あるAI（Responsible AI）	263
Point 5	分析モデルの高度化	268

第13章 データドリブン型人材を目指すに当たって

Point 1	生成AI時代に何が求められるのか？	274
Point 2	AIと協働する	275
Point 3	AIを妄信せずに使いこなす	279
Point 4	簡単な改善は自身でこなす	281
Point 5	人間らしさに回帰する	284
	おわりに	289
	参考文献	293

第 1 章

生成AIを
使いこなしていくために

「はじめに」でも触れた通り、本書はこれからビジネスの世界に出る
新社会人の皆様にデータドリブン型ビジネス人材を目指していただく
ことを目標としています。最初の一歩を踏み出すに当たり、昨今の
AI・データ活用を語る上では、近年注目を浴びている生成AIや、
その先駆とも言える対話形式AIであるChatGPTを避けて通ること
はできませんので、その基本についてまずは紹介していこうと思い
ます。

生成AIとは

　生成AIはとても汎用性の高い技術です。今後あらゆる分野で生成AIが組み込まれるようになっていくことは明白で、データ活用を実行する際にも大きな手助けになってくれるものです。

　「そもそも生成AIとは、人工知能の一分野で、テキスト、画像、音声など様々な形式のデータを生成する技術です。この技術は、ディープラーニングというアルゴリズムを使用し、大量のデータから学習をおこないます。例えば、あなたが何かのテキストを入力すると、AIはそれに対応する画像を生成することができます。また、小説の一節から物語の続きを創作することも可能です。AIは基本的には大量のデータを解析し、その中のパターンを見つけ出すことで機能します。このプロセスはデータ分析と非常に似ています。データ分析では、数値やカテゴリなどのデータを収集し、そこから有益な情報を引き出すことが目的です。生成AIもまた、多種多様なデータから学習し、新しいコンテンツを生み出すことができます。例えば、ある写真に基づいて新しいアート作品を生成したり、音楽の一節から全く新しい曲を作り出すことができます。このように、生成AIは私たちの創造力を拡張し、新しい可能性をもたらします。生成AIの歴史は、ディープラーニングの進化と密接に関連しています。ディープラーニングは、多層のニューラルネットワークを用いて、複雑なタスクを学習する技術です。過去数十年間にわたり、この技術は飛躍的に発展し、今日では非常に精巧な生成AI

の実現に至っています。データ分析の初学者の皆さんにとって、生成AIは一見遠い存在に感じられるかもしれませんが、実際には身近な技術です。例えば、SNSで見るフィルターやレコメンデーションシステムなど、日常生活の中で既に生成AIの恩恵を受けています。これからこの分野はさらに進化し、私たちの生活に新たな価値をもたらすことでしょう。生成AIを学ぶことは、単に新しい技術を理解するだけでなく、データ分析のスキルを深め、創造的な問題解決能力を高めるチャンスです。ぜひ、このエキサイティングな分野に挑戦してみてください。」

　上記は、生成AIの1つであるGPT-4に生成AIとは何かを問いかけた結果、回答された文章です。既に利用された方もいらっしゃるとは思いますが、これはプロンプトと呼ばれるユーザーからのメッセージをもとに自動で生成された文章です（図表1－1）。生成AIについて概要をつかむことができると思われる、わかりやすくて、まるで人間が書いたと思うような文章が自動で生成されるのはとても驚きです。

図表1-1　ChatGPT上でGPT-4が「生成AIについて」生成した例

出所：ChatGPTを用いて筆者作成

第1章｜生成AIを使いこなしていくために　003

では、もう少し生成AIについて考えてみましょう。「最近のニュースで名前はよく聞くものの、これまで話題になっていたデータ分析や機械学習と何が違うのだろう？」と疑問に思われている方も多いのではないでしょうか。先ほどのChatGPTの回答もヒントにその違いを比較してみましょう。違いは3つです。

① データ

まずは、データの違いです。既存の機械学習の多くが、構造化データと呼ばれるいわゆる数値データの扱いを得意としていたのに対し、**生成AIは画像やテキストといった非構造化データの扱いを得意**としています。もちろん、従来の機械学習でも画像やテキストといった非構造化データを扱う技術は存在していましたが、これには画像やテキストの特徴（重要な部分やパターン）を事前に取り出す処理が必要で、インプットデータとしてのみ利用されるケースが主流でした。

一方、現在の生成AIは、大規模言語モデル（LLM：Large Language Models）や大規模画像モデルを活用しており、これらのモデルは膨大なデータから学習したパターンや特徴をもとに、新たな画像やテキストを自然に生成することに特化しています。例えば、ChatGPTのようなモデルは、文脈に基づいて自然な文章を生成することが可能です。

② 事前学習

2つ目の違いは、大規模な事前学習です。これまでの多くの機械学習は、個々のビジネスユースケースに沿って都度データを収集し、そのデータをもとに学習・チューニングしてはじめてビジネス利用が可能なものでした。

一方、生成AIはその内部にLLMという技術が利用されていることからわかるように、事前に世界中の大量の文書を学習しており、追加学習やチューニングをせずとも最低限の回答が可能です。もちろん、ビジネスユースケースに応じた追加の文書・データを学習させればより高い精度で回答できます。

③生成可能か

　3つ目は、生成が可能ということです。これまでの機械学習は、過去の
データをもとにパターンを学習し、現状把握や将来予測ができました。数量
データであれば、どのような状況でも適切な数値を同じように出すことが重
要ですが、①でも示した通り生成AIの土俵はテキストなどの非構造化デー
タです。文章での回答となれば相手や状況に応じて答え方も異なってくるで
しょう。これらのTPOに応じて、事前の学習結果をもとに適切な回答を生
成してくれる点も生成AIならではの特徴と言えるでしょう。

多様な生成AIサービスの広がり

Point 2

　ChatGPTを含めたデータ生成ができるAIをひとくくりにして生成AIと呼んでいますが、生成AIはGPTのようにテキストデータの処理に長けているモデルだけではありません。例えば、Midjourney[11]、DALL-E[12]やStable-Diffusion[13]に代表される画像生成を得意とするAIや、音声を生成するWhisper[14]なども開発されています。

　図表1-2はDALL-Eを用いて生成AIのロゴを作ってみた例ですが、こ

図表1-2　DALL-Eによってプロンプトから生成されたロゴ画像

出所：[15]「ロゴデザイン作成に効く、Midjourneyプロンプトの【新常識】」(https://photoshopvip.net/153856#google_vignette) を参考に筆者作成

のように自然言語から気軽に画像を生成できるのが特徴です。

　もちろんAIへの命令を変えることによって生成される画像も大きく変わります。例えば、ロゴではなく高画質画像が欲しいという命令であれば、図表1−3のようにhigh resolution photo ofのようにプロンプトに指示を入れることで要望にかなった画像を生成できます。

　また、画像とテキスト情報から回答を生成するモデルとしてGPT-4V[16]というモデルも開発されています。GPT-4Vでは、例えば「画像の中にリンゴはいくつあるか？」という命令と「リンゴの画像」を入力することで、画像内にあるリンゴをカウントした結果を出力することができます。

　図表1−4はGPT-4Vの活用例ですが、図の左側がインプットで、言語と画像を入力しています。言語情報としては、画像の中の質問を中間ステップも含め回答するように指示しています。そして画像情報としては、三角形があり特定の辺について矢印で指した上で長さを聞く質問「How long is this

図表1−3　DALL-Eによってプロンプトから生成された高画質画像

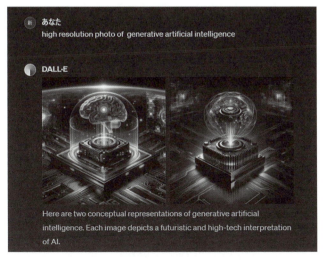

出所：[15]「ロゴデザイン作成に効く、Midjourneyプロンプトの【新常識】」（https://photoshopvip.net/153856#google_vignette）を参考に筆者作成

第1章｜生成AIを使いこなしていくために　007

図表1-4　GPT-4Vの出力例

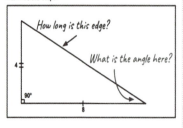

出所：[16] L. L, K. L, J. W, C.-C. L, Z. L, L. W, Zhengyuan Yang, "The Dawn of LMMs: Preliminary Explorations with GPT-4V(ision)," Microsoft Corporation, 2023.を参考に筆者作成

edge?」、右下の角度を聞く質問「What is the angle here?」の2つが記載されています。

　GPT-4Vがこの質問に答えるには、画像の中に三角形があること、2辺について長さが記載されていること、角度の情報、そして、画像内のどれが質問なのか、そしてどこを矢印が指しているかなど種々の情報を認識する必要があります。そして正確に認識するだけでなく、実際にピタゴラスの定理を用いて辺と角度計算を適切に実施することが求められます。右が実際のGPT-4Vの答えですが、中間ステップも含め、辺の長さ、角度の計算がちゃんとステップバイステップでできていることがわかります。また、言語情報と画像情報の両方を高精度に処理できるマルチモーダルなモデルが次々と登場し、進化を続けています。2024年5月には、OpenAIが新たなフラッグシップモデルである「GPT-4o（オムニ）」を発表しました。続いて2カ月後の7月には、その軽量版となる「GPT-4o mini」がリリースされました。さらに、9月には新たなモデル「o1」と、その軽量版である「o1-mini」が登場しました。これらのモデルは、特に理数系の専門知識や推論能力に優れており、従来モデルとの差別化が図られています。

　このように、数カ月ごとに新たな特徴を持つモデルが次々と発表され、生

成AI技術は急速に進化しています。

　ここまで紹介したように、生成AIは画像や言語、音声など多くの領域で大きな可能性を秘めた技術です。**これまでの機械学習が統計学やプログラミングなど初心者にはとっつきにくい知識やスキルが必要だったことと比較し、生成AIは誰でも手軽に手を出せることも魅力の1つです**（ChatGPTに質問さえすればいいのですから！）。**大事なことは、難しく考える前に自分で使ってみて、日々の仕事にどう活用できるかを試していくことです。**

Point 3 生成AIにより生産性は上がるのか

では、生成AIを活用することで本当に仕事は効率化されるのでしょうか？興味深い実験として、筆者らが属するコンサルティング業界についての事例をご紹介します。

ハーバード大学とグローバルコンサルティングファームの共同研究で、758名のコンサルタントに対して、GPT-4アクセスなし群/GPT-4アクセスあり群/GPT-4＋プロンプトエンジニアリングの概要資料へのアクセスあり群の3つのグループに分けて18のコンサルティングタスクに対して生産性が向上するか検証されました[21]。

18のタスクは、①クリエイティビティ（「サービスが不足している市場や

図表1-5　GPT-4ありなしにおけるパフォーマンス差

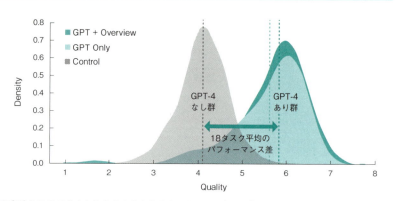

出所：[21] E. M, E. M, H. L.-A, K. C. K, S. R, L. K, F. C, K. R. L, F Dell'Acqua, "Navigating the Jagged Technological Frontier: Field Experimental Evidence of the Effects of AI on Knowledge Worker Productivity and Quality," *Harvard Business School Technology & Operations Mgt. Unit Working Paper No. 24-013*, 2023. を参考に筆者作成

スポーツ向けの新しい靴に関する少なくとも10個のアイディアを提案する」など）、②分析的思考（「ユーザーに基づいてフットウェア業界の市場をセグメント化する」など）、③文章力（「製品のプレスリリースのマーケティングコピーを作成する」など）、④説得力（「製品が競合他社を凌駕する理由を詳述した従業員向けのインスピレーショナルな理由を作成する」など）の4つのカテゴリからなるタスクです。コンサルティングファームで日々おこなわれる一般的なコンサルティングタスクと言えるでしょう。

　結果として、GPT-4アクセスあり群（プロンプトエンジニアリングの概要資料へのアクセスは問わない）はGPT-4アクセスなし群と比較して、量・速さ・質のそれぞれの観点で平均して、量では12.2%多くのタスクを完了、速さでは25.1%速くタスクを完了、質では40%以上の高品質なアウトプットを創出しました（図表1－5）。

　また、平均ではなく、コンサルタントそれぞれのパフォーマンスの分布も検証されています。事前に同様のタスクに対しての成績を測り、スコアがTop 50%以下であったローパフォーマーは43%、Top 50%以上であったハイパフォーマーは17%、自身のスコアが向上する結果となりました。つまり、どの層に対しても一定の効果を与えつつも、特にローパフォーマーの底上げに非常に効果を発揮したと言えます。

　このように、GPT-4を用いることで生産性を向上させられる事例が出てきていますが、この実験はこれだけで終わっていないところがとても興味深いポイントです。これらの18のタスクに加えて、AIでは難解であろうタスクを設計し追加の実験をしているのです。いわゆるケース問題で、次ページのような内容です。

　定量・定性両面で様々な情報元から回答を検討・生成する必要があり、コピー＆ペーストだけでは実行できない、より実践的なタスクと言えます。**このケースの結果は、驚くべきことに先ほどの結果とは逆にGPT-4アクセスあり群がGPT-4アクセスなし群と比較して、19%も正確さが下がりました。**

　では、なぜこのような真逆の結果になったのでしょうか。論文内では、生成AIが不得意で過ちを犯しやすいタスクでも、人間がAIに頼りすぎたことが原因になった可能性が示唆されています。

前提：

CEOは自社の3つのブランドのより深い問題を明らかにしたいと考えています。この問題に関する社内関係者からのインタビューが添付されています。また、添付されたExcelシートには、ブランド別に分けられた財務データが提供されています。

タスク：

CEOに向けて、下記の内容を述べてください。500〜750ワード程度とします。

① もしCEOが収益を成長させるために、1つのブランドに注力し投資する必要があるとしたらどのブランドを選ぶべきでしょうか。またその選択の根拠は何でしょうか。適切なデータやインタビューを引用し、あなたの見解を述べてください。

② また、①で選んだブランドに対して、CEOが改善のために取りうる革新的で戦術的な行動を提案してください。独創的なアイディアも歓迎しますので、CEOに適切と判断されるビジネス背景・理由に基づいて自由に意見を述べてください。

　筆者自身も経験があることですが、生成AIはタスクの種類によってはそのまま使えるレベルのアウトプットを生成してくれるものの、すべての場合でそううまくいくわけではありません。**AIのアウトプットを鵜呑みにせずに、AIとキャッチボールをしながら繰り返し回答を生成させていくことで納得のいくアウトプットに近づけていくことが大切です。**

　つまりは、本人が生成AIの生成物を最低限評価しながら利用することが重要なのです。特にAI活用やデータ分析において、生成AIの活用はかつてないほどニーズが高まっていますが、そのまますべてを生成AIに丸投げできるものではありません。**得意・不得意を理解した上で、生成AIの使いどころを見極める正しい選球眼を持っている必要があります。**

Point 4 生成AI活用の際の注意点

　ここからは生成AIのより実践的な内容として、生成AIの活用方法を述べていきます。

　まずは生成AI活用の上で、切っても切り離せない問題であるハルシネーションについて触れていきましょう。ハルシネーションとは生成AIが、学習したデータには含まれないような誤った回答をしてしまう現象であり、AIが幻覚（ハルシネーション）を見ているかのようにもっともらしい嘘をつくことからそう呼ばれています。

　そもそも、生成AIが登場する以前の、機械学習や従来型のAIもそうですが、AIのアウトプットが100％の精度になることはなく、必ず一定の間違いが発生します。生成AIも同様で、賢いが故に事実を誤認してもっともら

図表1-6　ハルシネーション例1：茨城県で一番学生数が多い大学は？

> **あなた**
> 茨城県で一番学生数が多い大学はどこ？
>
> **ChatGPT**
> 茨城県で一番学生数が多い大学は、茨城大学です。茨城大学は国立大学で、複数のキャンパスが茨城県内にあります。幅広い学部と大学院プログラムを提供しており、理学、工学、農学、人文社会科学など多岐にわたる分野で教育と研究が行われています。
>
> この大学は、県内外から多くの学生を集めており、その規模と教育の質により、茨城県における代表的な高等教育機関の一つとなっています。また、地域社会との連携や国際交流にも力を入れており、幅広い学びの場を提供しています。

出所：ChatGPTを用いて筆者作成

しく回答してしまうのが質の悪いところです。

　例えば、図表1－6のように、茨城県で一番学生数が多い大学はどこかと聞いてみます。

　回答としては、簡単な大学の紹介と共に茨城大学であるという回答が返ってきました。ただし、筆者が自分でWeb情報を検索してみると、茨城大学の学生は約8,000人[22]ですが、同じ国公立大学の筑波大学は16,507人[23]であり、茨城県で最も学生数が多い大学が茨城大学でないことはすぐにわかります。

　同じように、関東で一番高い山はどこかと聞くと、東京にある標高2,017メートルの両神山（りょうじんざん）と回答が生成されました（図表1－7）。こちらも、実際には標高2,577メートルある日光白根山が正しいです[24]。また両神山の詳細情報に関してもハルシネーションが起こっており、「埼玉にある標高1,723メートルの両神山（りょう**かみ**さん）」が正しく、読み方や所在地に嘘が混じっていました。

　あまりにも自然に回答するのでつい忘れがちですが、生成AIもAIですので、裏側では学習したデータの分布をもとに回答を生成しているだけで、人間のように本当の意味で文章を理解して回答を生成しているわけではありません。生成AIは自然な文章や画像で生成されるため、注意しなければハルシネーションをハルシネーションと認識することすら難しいことがよくわか

図表1-7　ハルシネーション例2：関東で一番高い山は？

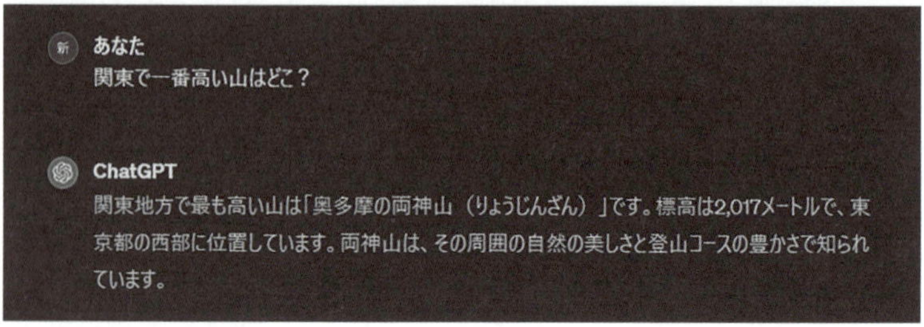

あなた
関東で一番高い山はどこ？

ChatGPT
関東地方で最も高い山は「奥多摩の両神山（りょうじんざん）」です。標高は2,017メートルで、東京都の西部に位置しています。両神山は、その周囲の自然の美しさと登山コースの豊かさで知られています。

出所：ChatGPTを用いて筆者作成

るでしょう。

　日本語の文章は英語の文章と比較して学習量が少ないことでハルシネーションが発生しやすいとも言われていますが、別の例として日本語には縛られない簡単な論理クイズを出してみます。「明後日の3日前は月曜日でした。今日は何曜日でしょうか?」とGPT-4にプロンプトを投げてみます。明後日の3日前とは、つまり昨日のことで、それが月曜日ということは、答えは「今日は火曜日」です。

　図表1-8のように、断定口調で「木曜日」と回答してしまいました。このような回答をされてしまうと、先ほど「生成AI」について解説していたAIと同一とは思えませんが、これも意味を理解して生成しているわけではないことがよくわかる例でしょう。今回は簡単なタスクだったからこそミスが発見できましたが、より専門性が高かったり、自分の理解が深くない領域でこのミスが発生した際にはとても検知できそうにないことは容易に想像できます。

　また、生成AIは、サービスによってある程度制御されているものの、倫理的にも出力に問題ないか気をつける必要があります。GPT-4は日本の医師国家試験6年分の試験に合格する能力がある[5]という実験においても、それが示唆されています。この実験では、合格に足る能力は示したものの、回答には「禁忌肢」と呼ばれる日本の医療では厳格に禁止されている選択肢

図表1-8　論理クイズ誤答例

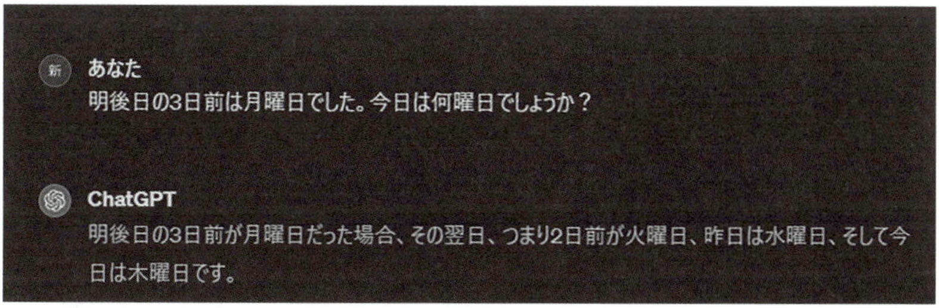

新　あなた
明後日の3日前は月曜日でした。今日は何曜日でしょうか?

ChatGPT
明後日の3日前が月曜日だった場合、その翌日、つまり2日前が火曜日、昨日は水曜日、そして今日は木曜日です。

出所:ChatGPTを用いて筆者作成

第1章｜生成AIを使いこなしていくために　015

図表1-9　GPT-4の最新の学習データ日時

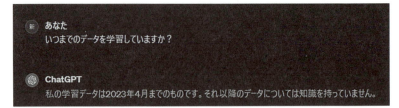

出所：ChatGPTを用いて筆者作成

（例えば、安楽死を推奨する等）を回答することがあったようです。**社会的なバイアスがないかなど、アウトプットが倫理的に適しているかにもチェックが必要**でしょう。

　最後に気をつけるべきポイントとして、**必ずしも最新の情報を学習しているわけではないという点**が挙げられます。例えば、GPT-4は2023年12月時点では、2023年4月までしか学習されていません（GPT-4の仕様として明記されています。図表1-9[25]）。

　そのため、適切にプロンプトに情報を加えるなどが必要であることを意識しましょう。ChatGPTは有料版であれば、最新情報をWebで検索するエンジンが組み込まれていたり、数値計算はPythonなどのプログラミング言語を経由して実施するなど、より正確な情報を出すことができます。

Point 5 データの保護

　生成AIサービスを利用する上で、自分が入力したデータがどのように扱われるかも確認しておきましょう。

　例えばChatGPTでは、内部モデルの精度向上のためにユーザーのプロンプトなどが使用されています[26]。ユーザーの生の利用ログを用いて生成AIの精度を向上させ、最終的にユーザーのさらなるニーズに応えられるようにしていくという意味ではとても素晴らしいことですが、入力するデータには細心の注意を払う必要があります。特に、**社外秘の情報や機密情報の入力は絶対に避けるべき**です。極端な場合、一般のユーザーがGPTを利用した際に、社外秘や機密情報が回答されてしまう可能性もあるかもしれません。実際、Samsung Electronicsでは機密情報を入力してしまい問題となる事例がありました[27]。

　OpenAIでは、Privacy-Request[28]によって「Do not train on my content」など自身のデータを学習に使わないようリクエストを出すことができます。これは少しでもセンシティブな情報を使うユーザーは必ず適用すべき項目でしょう。その上で、機密情報などは入力しないことを個人として徹底すべきです。

　もし組織でChatGPTなどの生成AIを活用していく際には、よりセキュアな環境を用意する必要があります。ChatGPT Enterpriseなどは選択肢の1つとなるでしょう。これはEnterprise版ChatGPTで、ユーザーの利用ログを用いて学習されないことが明記されています[29]。

　また余談ですが、もし生成AIを用いたアプリを使う、生成AIを組み込んだプログラミングをする、生成AIを用いたアプリを作るといった場合には、自由度の高いAPI（Application Programming Interface）を活用する必要が

第1章 ｜ 生成AIを使いこなしていくために　017

図表1−10　アクセンチュア社内で活用している社内版ChatGPT

出所：筆者作成

ありますが、その際にはAzure OpenAI などでオプトアウト設定し、データが保護される前提で利用する必要があります。

　筆者らアクセンチュアの社内では、早くから社内のChatGPT環境であるAccenture chatという社内サービスを開発し公開しています（図表1−10）。当然内部の利用ログは学習に利用されることはなく、社員がセキュアに利用できるものです。

　読者の皆さんが生成AIを利用する場合にも、生成AIサービスによってはデータが学習されてしまうことを常に意識し、セキュアな環境がない場合、機密情報は入力せず利用することに注意してください。

より精度の高い結果を得るには

　本章の最後では、生成AIからよりよいアウトプットを得るための方法についても紹介します。皆さんにも実践いただきたいものの最たる例としては、プロンプトエンジニアリングが挙げられます。プロンプトエンジニアリングとは、生成AIに入力するメッセージであるプロンプトに工夫を加えて、意図した結果を得られるようにすることを指します。

　生成AIへの指示は、当然ではありますが、あいまいに指示すると意図しない結果になってしまいますので、明確な指示を書く必要があります。それだけではなく、中には「**ステップバイステップで考えて**[30]」と追記したり、「**深呼吸して答えて**[31]」と追記することで、特定のタスクにおける回答の精度が向上するといった興味深い結果も発表されています。

　実際に図表1-11のように「深呼吸して答えて」と入れてみると、先ほどの不正解であった論理クイズで正解していることがわかります。

　他にもアウトプットの例を命令文の中に加えてみる（Few-shotと呼ばれます）ことにより精度を向上させることができるケースがあるなど、様々なノウハウが蓄積されてきています。OpenAIの公式のプロンプトエンジニアリングガイドライン[32]では、よい結果を得るための6つの戦略として以下が挙げられています。

①明確な指示を書く
②参考文献を提供する
③複雑なタスクをより単純なサブタスクに分割する
④モデルに「考える時間」を与える
⑤外部ツールを使用する

| 図表1-11 | プロンプト例：「深呼吸をして」 |

> **新 あなた**
> 明後日の3日前は月曜日でした。今日は何曜日でしょうか？
> 答える前に深呼吸して回答してください。
>
> **⑤ ChatGPT**
> はい、深呼吸してからもう一度考えてみます。
>
> 1. 明後日の3日前が月曜日でした。
> 2. つまり、その翌日、明後日の2日前は火曜日です。
> 3. さらにその翌日、明後日の前日は水曜日です。
> 4. そして、明後日自体は木曜日になります。
> 5. 今日は明後日より2日前なので、木曜日の2日前です。
> 6. したがって、今日は火曜日です。
>
> 結論として、今日は火曜日です。

出所：ChatGPTを用いて筆者作成

⑥システマティックにテストを実施する

　詳細なテクニックはWebなどで最新かつ良質な文献[33]や事例[34]が、既に多数存在します。またOpenAIからプロンプト生成ツールなどプロンプト作成を支援するツールも公開されています。筆者自身は、ロール、タスク、要件、出力形式要素を構造的にプロンプトに書いてからブラッシュアップする方式をよく取ります。本書では詳細は割愛しますが、大事な考え方としては絶対的な正解、万能のプロンプトはないので、利用するモデルやタスクに応じて聞き方を変えながら試行錯誤していくのがよいでしょう。

　ここまで、生成AIの基礎を理解していただきました。以降の章では、実際にビジネスの場ではどのようにAI・データが活用されているのかについてのノウハウに触れていきます。その中には生成AIだけではなく、これま

でビジネスで使われてきた統計学や機械学習も多く登場します。それにもかかわらず、本章で生成AIの説明に多くのページを割いてきたのは、統計学や機械学習といった既存の分析をおこなう上でも生成AIが大きく寄与しうるからです。

　単純に統計学や機械学習の代わりに生成AIを使えないか？　といった真正面からの活用だけでなく、統計学や機械学習の実装上の不明点や不足点を生成AIと質疑応答しながら進めることで知識の不足を補ったり、効率性を上げられる可能性を秘めています。読者の皆さんは上記の視点を持ちながら今後の章を読み進め、自身でも生成AIでサポートが可能な余地を探ってみてください。

　まず第2、第3章では、ビジネスシーンにおいてAI・データ以外にも幅広く用いられる仮説構築について重点的に触れた後に、第4章から実際のデータ活用におけるプロセスに入っていきたいと思います。データ分析の中身はまだか、と思われる読者もいらっしゃるとは思いますが、もう少しだけお付き合いください。

第1章のまとめ

☑ ビジネスシーンの最前線において、生成AIの活用は不可欠のものとなりつつある

☑ 生成AIを気軽に使える代表的なサービスの1つがChatGPTであり、チャット形式でAIと対話することで様々な質問に対する回答を得ることができる

☑ テキスト以外にも画像を扱うことができるMidjourneyやDALL-Eといった生成AIサービスも存在する

☑ 生成AIを使って効率性を上げていくためには、AIを妄信するのではなくあくまでインプットとして使いこなすことや、ハルシネーションと呼ばれるAIの嘘に注意することが重要となる

☑ より精度の高い回答を求める際には、プロンプトエンジニアリングといった手法を用いて、生成AIに対する命令を高度化させる必要がある

第2章

データ分析プロセスの
全体像〜課題定義

　本章では、実際のデータ分析の詳細に入る前にビジネスシーンにおけるデータ分析の全体プロセスを理解すると共に、入り口として肝になる課題定義・仮説立案について説明していきます。多くの人は、データ分析と言うとグラフや表を駆使して示唆を導出することや、高度な統計モデリングを用いて大量のデータから価値を創出することをイメージされるかもしれません。もちろんそれは事実です。しかし、それらの価値を最大化するためには、いかに分析プロセスの最初の段階で筋のよい、ビジネスの本質をついた仮説を構築できるかが重要です。よい分析をするための下地をしっかりと作るために、読み進めてください。

分析プロセスの全体像

まずは、ビジネスシーンにおける分析プロセスの全体像を確認していきましょう。「はじめに」でも触れた通り、昨今のビジネスシーンでは様々な業界・領域でデータ分析の活用が進んでいます。当然、すべてのケースに当てはまるような画一的なアプローチが存在するわけではありません。本章ではその中でも最もよく用いられる、データドリブン型ビジネス人材にとってのベースとなるアプローチをご紹介していこうと思います。

図表2-1　分析プロセスの全体像

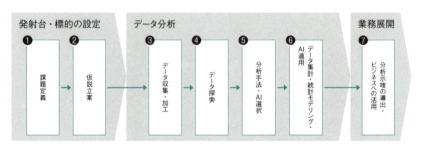

出所：筆者作成

図表2−1は、筆者らがビジネスシーンで最も一般的に用いるデータ分析のアプローチです。大きくは課題定義と仮説立案という分析の目的を定めるための①発射台・標的の設定フェーズ、実際にデータ収集・加工・探索をおこないデータ集計・分析モデル構築をおこなっていく②データ分析フェーズ、得られた分析結果からビジネス示唆を導出しそれをビジネスアクションへつなげる③業務展開フェーズの3つから成り立ちます。それぞれの内容についてもう少し詳細を見てみましょう。

①発射台・標的の設定フェーズ

　まずは、**発射台・標的の設定**についてです。このフェーズは「課題定義」と「仮説立案」の2つのステップからなります。これらについては本章の後半で詳細を説明していきますが、課題定義のステップは企業・部門におけるビジネス課題を明確化し、その中で本当にビジネスインパクトの大きい（≒改善効果の大きい）課題は何なのかを特定していくアプローチです。これによって、企業・部門が取り組むべき優先課題をあぶりだすことができます。仮説立案のステップでは、課題定義において特定した優先課題に対して、それがAI・データで改善可能なものなのか、その場合どのような分析をおこなうことでそれを解決できるのか、分析するに当たってどのようなデータが必要なのかなどを設計します。

　これら2つのステップによってビジネスインパクトの大きいテーマを特定すると共に、取り組んでみたがビジネス効果が小さかった、いざやろうとしたらデータが存在しなかった、そもそもAI・データ活用が本質的課題ではなかったといったビジネス上の手戻りの発生を防ぐことができます。AI・データ活用が可能な人材はなおのことビジネスシーンでは貴重な存在です。そのような希少人材を最も価値ある形で活躍させるためにも手戻りは最小限にするべきです。

②データ分析フェーズ

　次の**データ分析**フェーズに話を移しましょう。このフェーズは「**データ収集・加工**」、「**データ探索**」、「**分析手法・AI選択**」、「**データ集計・統計モデリ**

ング・AI適用」のステップに分かれます。まさに読者の皆さんが最もイメージされているデータ分析はこのステップに該当するでしょう。発射台・標的の設定フェーズで定めたビジネス課題・分析仮説に応じて、実際にデータを分析していきます。

　多くの企業でデータの蓄積は進んでいますが、いまだにExcelや紙ベースでしか存在しないものをデータベース（DB）として整備していったり、データ化はされているが散在している場合は一元的に集約・加工するのが「データ収集・加工」です。収集・加工したデータの中には、欠損が多くデータ品質が低いものなども存在します。そういったデータの特徴を把握し、利用可否や追加加工の必要を判断していくのが「データ探索」のステップです。

　これらを通して実際に活用可能なデータを見極めると共に、分析仮説のブラッシュアップをおこないます。その上で、適切な分析手法を選択して分析モデルを構築するのが「分析手法・AI選択」〜「データ集計・統計モデリング・AI適用」のステップです。機械学習、深層学習（ディープラーニング）など、昨今多くのニュース等でも目にするデータ分析手法を実装するのはまさにこのステップですが、時には高度な手法は必要なく、ただの集計でOKという判断を下すことも含みます。

　後の章で詳細は解説しますが、当然構築した分析モデルが十分な精度を有しているか、得られた分析結果がビジネス的に解釈可能なレベルに達しているかなどもこのステップであわせて確認します。

③業務展開フェーズ

　最後に業務展開フェーズを見ていきましょう。「分析示唆の導出・ビジネスへの活用」が該当のステップですが、得られた分析結果を適切に解釈し、ビジネス上取るべきアクション・施策を明確化していきます。この際には、分析者目線だけでなく経営者やビジネス現場の目線からも理解でき、価値を感じられるような解釈や可視化方法を工夫します。

　実際には、ビジネスで活用した結果、一定の効果・ROI（投資対効果）が見込める場合には、定常的に分析結果の活用が可能なようにツール化やシステム化をおこなっていきますが、その点については本書では割愛します。

上記のような全体アプローチでデータ分析を進めていくことを改めて理解
した上で、今、全体像の中のどのステップの話をしているのかを対応させな
がら以降の章も読み進めてください。先述した通り、本章ではまずは全体像
の中でも発射台・標的の設定に該当する課題定義と仮説立案について説明し
ていきます。

課題定義

　課題定義のステップについて詳細を確認していきましょう。

　多くの企業では中期経営計画や事業方針が定められており、売上や不良品の発生率、採用人数など多くの領域でビジネス上の目標・ゴールとなる数値が定められているのが一般的です。これらはKGI（Key Goal Indicator）やKPI（Key Performance Indicator）と呼ばれます。課題定義のステップでは、KGI/KPIとなる数値が現在どのような状況であるのかを定量的に把握し、目標と現状のギャップを明確にすることで課題の重要度や優先順位を判断します。

　AI・データ活用がバズワード的に騒がれ、明確な目的もなくデータ分析に立ち向かっていた企業が多かった黎明期はとうに終わりを告げています。現在では逆にどんな領域・テーマにもデータを活用する流れが生まれており、それゆえ**本当にAI・データを活用することが効果的なケースなのか、効果があるにしても十分なROIが得られるのかが明確でないまま、データ分析に取り掛かってしまっている企業が増えている**ように思います。

　ビジネスシーンにおけるAI・データ活用が一般的になった昨今でも、AI・データを活用する人材はまだまだ全世界的に不足しており貴重な存在です。そんな中、十分なROIが得られない領域・テーマにAI・データ活用人材を従事させることは企業にとっても決してプラスとは言えないでしょう。そういった意味でも、この課題定義と次の仮説立案のフェーズでビジネス効果を見極めることは重要です。

　簡単なケースを用いて、課題定義のイメージを深めてみましょう。

あなたの会社では企業向けのサブスクリプションサービスの販売をおこなっています。月額利用料は10万円で、グレードアップするための追加オプションが5万円です。売上目標が2億円で、現状の見込売上が1億円、追加で1億円の売上を創出する必要があるとします。

＜自社のサービス・商品＞
- 中小企業向けの営業管理用サブスクリプションサービス事業を展開
- サービスの基本利用料は10万円/月で、ステータス管理など最低限の機能のみを販売
- 営業管理データを用いた分析・改善レポートなどの機能を利用するには、オプションとして5万円/月の追加契約が必要

＜自社のKGI/KPIの現状＞
- 今年度の売上目標は3億円/年を目指しており、中でも主力事業であるサブスクリプションサービス事業では、2億円/年の売上を挙げることが目標
- 四半期が過ぎた現状の営業状況を考慮すると、サブスクリプションサービス事業における年間の売上着地は目標の半分の1億円/年にとどまることが予想される
- 当初の売上目標を達成すべく、営業上の大きな改革が求められている

　上記の状況において、皆さんならどのようにアプローチするでしょうか。もちろん、そもそもの目標数値が根拠に基づかない無理な計画だったのではないか？　サブスクリプションサービス事業に限界があるのであれば、他の事業に投資を集中させるべきではないか？　といったアイディアもあるとは思いますが、ここではあくまでサブスクリプションサービス事業の売上改善を図っていくことが求められているとします。

第2章｜データ分析プロセスの全体像〜課題定義　029

この時、まず取り組むのは考えうる課題を整理することです。例えば、「新規顧客の獲得が鈍化している」「既存顧客の契約を維持できていない（延長契約が獲得できていない）」「追加のオプションの申し込みが少ない」などが該当します。これら1つひとつの課題候補は、実際に現場で感じている問題に紐づいていることが多く、重要です。しかし、ボトムアップで考えたこうした課題候補はどうしても全体感がなく、思いつきに見えてしまうことが多いとも言えます。

　上記のような全体感のなさを解消するために意識するのが、コンサルティング業界でよく聞かれるMECE（もれなく、かぶりなく）という概念です。MECE自体の説明はロジカルシンキングの専門書に譲りますが、実践的にはロジックツリーやフレームワークをうまく活用することで全体感を表現していきます。ここでは、皆さんも親しみがある5W1Hのフレームワークを使って、課題を整理・掘り下げてみましょう。

　例えば、Whoの軸で考えてみると「新規顧客」と「既存顧客」の2つに分けられることは明白で、誰からも指摘は入らないように思えます。また、新規顧客をさらに企業サイズで「大企業」「中小企業」「個人事業主」と分割してもMECEの前提は崩れていません。

　さらにそれぞれの企業サイズに対して、Whatの観点から「基本契約」「オプション契約」のどちらが計画よりも売れていないのかを考えることができそうです。オプション契約の種類が複数ある場合でも、同様にMECEに表現可能です。

　このように、考えうる軸をもれなく、かぶりなく表現していくことで思考が整理され、数値的根拠も合わせることで課題の真因も考えやすくなります。先ほどのロジックツリーの中で、新規顧客については特に個人事業主の契約が目標値への未達度が高いのであれば、個人事業主にとってリッチすぎる追加機能は必要なく、よりライト版の基本契約やさらに細分化した機能単位のサブスクリプションが必要、といったビジネス改善アクションの仮説が生まれるわけです（図表2−2）。

　実際、課題定義の段階では、具体的な施策・解決策まで落とし込む必要はありません。この段階ではどこに課題の真因がありそうかを見極め、優先順

図表2-2　ロジックツリーを活用したMECEな整理のイメージ

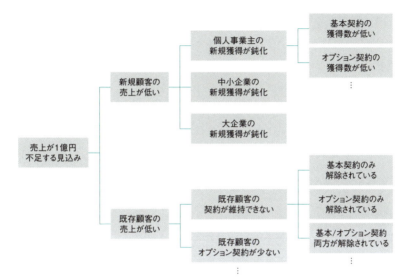

出所：筆者作成

位をつけることが目的だからです。ここでは、必要な1億円の売上のために「新規顧客の中でも特に個人事業主の基本契約獲得の領域で課題が見られる」というレベルで改善策のアイディアや方向性が特定できていれば十分と言えます。

　課題の洗い出しと整理ができたら、課題の優先順位づけをおこないます。すべての課題を同時並行で解決できれば理想的ですが、ビジネスシーンにおいては予算や人的資源に限界があります。先述した通り、AI・データ分析による解決が最適ではない課題も存在し、そのような課題に対して貴重なAI・データ活用人材を充てることは企業としては非効率的なアプローチと言えます。そのため、AI・データ活用人材を最大限に活用するためにも、課題の選択と集中をおこないます。

　この時に用いるアプローチとして、パレートの法則が挙げられます。パレートの法則は20：80の法則としても知られており、全体の成果の大部分

は一部のタスクや取り組みによって生み出されるという経験則を示すものです（図表2-3）。

　例えば、数多くの製品を扱うメーカーの売上構成において、全製品のうち20％程度の製品が全売上の80％を占めるといった事象です。このパレートの法則は実際にビジネスシーンでも多くのケースで成り立つことが多く、少数の効果の大きい課題にリソースを集中させることで、最も効率的に改革の効果を刈り取ることができます。

　ここまで聞くと、パレートの法則で想定される改善効果額の順番に並べて上からやっていけばいいのだな、と思われる人も多いでしょう。それ自体は決して間違ってはいません。しかし、ビジネスシーンにおいては効果が大きくとも、実際にはすぐには取り組めないケースも見られます。

　先ほどのサブスクリプションサービス事業の例で言うと、個人事業主向けの基本契約がリッチすぎるため高くて契約が取れないという課題に対して、より細分化された契約パックを作ろうとした場合でも、オプション機能ははじめから追加機能として販売する予定だったため、個別機能ごとに利用可否が設定できるシステムになっていたものの、基本契約の機能は個別で管理で

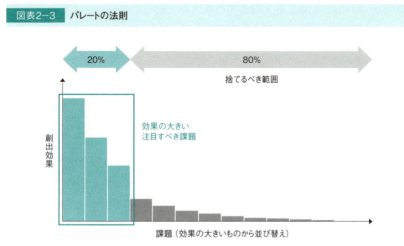

図表2-3　パレートの法則

出所：筆者作成

きるシステム構成になっておらず、さらに細分化して利用を管理するためには追加開発が必要であり、すぐには実現できないといったことです。

　上記のように、実際はビジネス上の種々の制限を受けることもあるため、より効果的に課題の優先順位づけをする際には、ビジネス効果額とビジネス制約の2軸で課題をマッピングすることが多いと言えます。ビジネス制約の軸は、実現難易度や実現スピードを採用する場合が多いでしょう。

　本ケースでは、図表2-4のように横軸にビジネスインパクト（金額）、縦軸に取り組み難易度を取り、課題を4つの枠の中に分類します。

　ここで、過去の実績や現状の契約状況から、各施策を実施することで次のような売上金額増が見積もられたとします。

新規顧客向けの売上改善施策：計6,000万円
　▶大企業向け：1,500万円
　▶中小企業向け：1,500万円
　▶個人事業主向け：3,000万円

既存顧客向けの売上改善施策：計12,000万円
　▶既存顧客の契約維持：10,000万円
　▶既存顧客のオプション追加（アップセル）：2,000万円

　ビジネス効果額の観点から、既存顧客の契約維持に注力することが最も効果が大きそうです。取り組み難易度についても考えてみます。営業にかかるコストやリレーションの有無などを勘案しても、新規顧客の獲得よりも既存顧客の維持の方が難易度としても低そうです。なお、現在の目標未達分は1億円ですので、既存顧客の契約維持だけで1億円は満たせそうに思いますが、実際には施策がうまくいかない、または想定より効果が小さかった可能性も考慮して、ターゲット以上の金額が見込めるように個人事業主向けの新規顧客獲得施策にも取り組んでおくべきかもしれません。しかし、先述した通

第2章｜データ分析プロセスの全体像〜課題定義　033

図表2-4　ビジネスインパクトと取り組み難易度による優先順位づけ

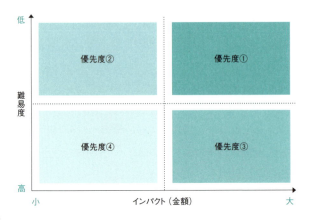

出所：筆者作成

り、個人事業主向けの施策には大きなシステム改修が伴うことがわかっており、コスト的にもスピード的にも制約があります。その場合、次に効果の大きい既存顧客のオプション追加（アップセル）に取り組むことになります。その結果、新規顧客への改善施策は劣後させて、既存顧客に集中して施策を実施することになりそうです。

　今回はわかりやすさを重視したため単純な例ですが、実際のビジネスシーンではもっと多くの、そして複雑な課題が存在しており、ビジネスインパクトや取り組み難易度を容易に評価することが難しいこともあります。しかし、ベースにある考えは変わりません。すべての課題に網羅的に対応しようと考えるのではなく、選択と集中によって課題の優先順位をつけることで、課題解決における効果を最大化できるのです。

　なお、**課題を洗い出して整理する際のポイントとして、「明確に言語化すること」**が挙げられます。その際、「新規顧客」「既存顧客」「オプション」のような単語での整理ではなく、「新規顧客の獲得が鈍化している」「既存顧客の維持ができていない」「追加のオプションの申し込みが少ない」のように主語と述語を含んだ文章で表現することで、課題が明確になります。言語

化するのは当たり前のことですが、立場の異なる関係者が多く関わるビジネスの場では、関係者間で認識の齟齬が生じるリスクにつながります。認識の齟齬がトラブルのもとになることもあるため、課題は明確に言語化しておくに越したことはないのです。

目標の明確化・合意

　取り組むべき課題が明確になったら、現状や目標とあわせて、関係者間で合意を得ます。課題を明確に言語化しておいたことが、ここで役に立ちます。また、改善施策についても「売上増加を目指す」ではなく、「1億円の売上増加を目指す」のように、具体的な数値で表現することが重要です。今回のケースでは以下のように整理します。

> 目標：サブスクリプションサービス事業において、2億円/年の売上を達成する
> 現状：四半期を過ぎた時点での売上見込が1億円/年となっており、目標達成までに1億円/年の売上未達が予想される
> 課題：既存顧客の契約維持ができておらず、顧客離反が起こっていることで売上が想定より低くなっている
> 改善施策：既存顧客の離反につながる要因を定量的に特定し、改善施策を打つことで顧客離反に歯止めをかけ、1億円/年の目標未達分の穴埋めをおこなう

　関係者間で合意が得られたら、データ分析のための仮説を立案するフェーズに移ります。仮説立案については次の第3章で詳しく解説していきます。

第2章のまとめ

- ☑ AIやデータ分析の活用における全体プロセスは大きく「①発射台・標的の設定」「②データ分析」「③業務展開」の3フェーズに分かれる

- ☑ 最初のフェーズである「①発射台・標的の設定」はさらに、課題定義と仮説立案のステップに細分化される

- ☑ 課題定義の目的は、闇雲にデータ分析のテーマを決めず、ビジネスにおけるAI・データ活用の効果が大きいテーマを見定めることにある

- ☑ ビジネス課題を抽出する際には、思いつきとならないようにMECEやロジックツリーなどのロジカルシンキングの手法を用いて網羅性を意識する

- ☑ また、パレートの法則や2軸でのマトリクスを用いて、課題を定量的に評価することも重要となる

第3章

データ分析のための仮説立案

課題定義の後には、データ分析をおこなっていくための仮説の立案をおこないます。具体的な方法について解説する前に、なぜ仮説が必要なのかを改めて振り返りましょう。再三の言及にはなりますが、課題によってはデータ分析による解決が適していないケースがあるのがその理由の1つです。それに加えて、データ活用がうまくいかないケースとして事前にしっかりとした検討をせずに「とりあえず目の前のデータをいじってみることからはじめてしまった」というパターンが挙げられます。手元にあるデータを闇雲に集計・可視化しているだけでは、有効な施策・解決策はなかなか導き出せません。また、データの量や種類が豊富にある場合には、とりあえず集計と可視化をするだけでも多大な時間がかかってしまいます。仮説の立案は手戻りを最小限にとどめ、スピーディにデータ分析でビジネス効果を創出していくためにも重要なステップなのです。

仮説立案の3つのステップ

　仮説立案は以下の3つのステップに分けることができます。下記を見ればおわかりいただけると思いますが、構成要素自体は課題定義と大きく変わりません。特にステップ①の仮説の洗い出し方法については、洗い出す対象がビジネス課題か分析仮説かで異なりますが、ここまで言及したロジックツリーやフレームワークを使いながらMECEに整理していくという本質は変わりませんので、ここではステップ①については簡単に触れ、②と③のステップに注力して説明をしていきます。

　　ステップ①　分析仮説の洗い出し
　　ステップ②　検証方法と必要なデータの特定
　　ステップ③　仮説の優先順位づけ

ステップ①　分析仮説の洗い出し

　仮説の立案で最初におこなうのは、分析によって検証する仮説を洗い出すことです。課題定義のステップで抽出した改善施策を具体化して、データ分析で検証できるレベルまで落とし込みます（図表3−1）。その際も、既に触れたように5W1Hなど各種のフレームワークを用いて考えると仮説を思いつきやすくなります。特に、**HowやWhatを繰り返し問い続けることで、施策に直結するレベルまで具体化することが重要**です。5W1H以外のフレームワークで仮説立案時によく利用するフレームワークについては、本章の最後で改めて触れていきたいと思います。

図表3-1　洗い出した分析仮説の例

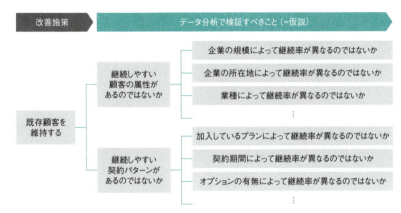

出所：筆者作成

ステップ②　検証方法と必要なデータの特定

　仮説の洗い出しが終わったら、仮説の検証方法と必要なデータの特定をおこないます。仮説が妥当であるかを確かめるため、どのような集計や可視化をおこなえばよいのかを考えます。先述のケースに当てはめてもう一度考えてみましょう。課題定義のステップを通して、最も優先すべきビジネス課題は「既存顧客の契約が維持できていない（顧客離反が発生している）」ことでした。上記を解決するための分析仮説を立てることがこのステップの目的なわけですが、多くの場合、課題の原因と採るべき施策・アクションは表裏の関係にあります。

　つまり、「企業サイズが小さいほど次年度の契約維持が難しい」ということがわかれば、「企業サイズによって契約継続に向けた異なる戦略・アクションを採るべき」だとわかります。「企業サイズが小さいほど次年度の契約維持が難しい」という仮説をどんなデータを用いて、どのように確認するのかを考えるのが次のアクションです。

　まずは利用するデータについて考えてみます。契約している企業別に「企業の規模」と「継続有無」のデータが必要になることはすぐに想像できま

す。「企業の規模」については、例えば企業ごとの従業員数をデータとして使うことができそうです。大企業であれば、企業のホームページや帝国データバンクなど外部データも含めてデータの確保は簡単でしょう。「継続有無」については、自社のCRMシステムに蓄積されている企業ごとの契約更新有無のデータがあれば問題なさそうです。このように、それぞれの仮説について、必要なデータを考えていきます。

最初は仮説をデータで表現する方法を考えることが難しいかもしれませんが、分析の経験を積む中で様々なデータに触れることで仮説とデータを結びつけるスキルは向上します。また、世の中で公開されているデータ分析の活用事例に多く触れることも、仮説をデータで表現するスキルを伸ばす上では有効です。

次に、仮説の検証方法と必要なデータを考えるポイントを2つ紹介します。1つ目は、**検証方法を考える際、具体的なアウトプットイメージまでしっかりと設計すること**です。Excelやパワーポイントを使ってももちろん構いませんが、その場でクイックに意識のすり合わせができ、かつ修正も容易なため、紙やホワイトボードに書くことも推奨します（タブレット上の手書きメモ機能などでも代用可能です）。例えば、「大企業ほど継続しやすいのではないか」を検証する際には図表3−2のようなイメージを関係者とすり合わ

図表3−2　アウトプットイメージの例

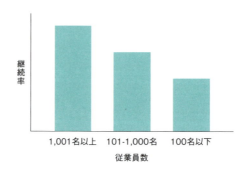

出所：筆者作成

せておきます。

あくまでイメージですし、実際に分析をおこなっていない段階なので、詳細まで作りこむ必要はありません。表であれば表の縦横の項目、グラフであればグラフの種類を明確にして縦軸・横軸があれば十分だと思います。「どのような表・グラフを作れば検証できるのか」までイメージしておくことで、実際に分析する際の作業時間を削減することができ、他の人に作業内容を伝えやすくなります。この場合で言えば、なぜ100人と1,000人を集計単位の切れ目にするのか？　もっと細かい単位で集計しなくてよいのか？　など、関係者間で認識齟齬が起こり、手戻りが発生しないように事前調整していきます。

また、この段階ではまだ**データの制約にとらわれないこと**も重要です。自身で簡単に手に入るデータを使いたくなるのが人間ですが、ここではどのようなデータがあれば検証できるかをシンプルに考えます。手元ですぐに活用できるデータにとらわれてしまうと、分析仮説の幅が狭まってしまうことも多いため、まずはあるべき分析結果を広く考えることも重要です。なお、データの有無・制約については、仮説立案の最後のステップである仮説の優先順位を考える際に、最終的な制限として判断していきます。

ステップ③　仮説の優先順位づけ

課題定義のステップと同じく、仮説立案のステップでもすべての分析仮説を網羅的に検証するには時間とコストがかかります。そのため、ここでも選択と集中の考え方に基づき、優先順位をつける必要があります。課題定義の場合と同様、ビジネスインパクトと取り組み難易度の2軸で評価することもできますが、ここでは分析仮説の優先順位づけで重要な新しい2つの観点についても説明していきます。

1つ目は、**具体的にビジネスアクションを起こせる分析仮説になっているかどうか**です。当然のことと感じる方も多いかもしれませんが、いざ自身で仮説を立案してみると意外にこの点を考慮できていない仮説を出してしまいがちです。先ほどのサブスクリプションの例で考えてみましょう。「金融業界では業法の改定によって個人情報の取り扱いが厳しくなり、クラウドサー

第3章｜データ分析のための仮説立案　043

ビスの利用率が下がった」と仮説を立てたとします（実際にそういった話が昨今あるわけでなく仮の話です）。しかし、この仮説が事実であることをデータ分析から裏づけられたとしても、我々が改善アクションとして業法を変えることは現実的に不可能ですので、この分析仮説はアクションにつながりません。こういった場合は検証の優先度を下げざるを得ません。

2つ目は、**仮説検証に必要なデータの有無**です。こちらも当然、ビジネスインパクトが大きそうな仮説であったとしても、実際に利用できるデータがなければ検証できません。詳細については後述しますが、ただデータがあるかだけでなく、適切な項目や粒度でデータが存在しているか、適切な期間のデータが蓄積されているか等を総合的に考えた上で、分析に足るデータがあるかを判断します。

ビジネスインパクトや取り組み難易度、解決策・施策への結びつきやすさ、データの有無に基づいて洗い出した仮説について優先順位をつけたら、担当者・現場の意見も踏まえて最終的な優先順位とします。「検証した結果、仮説の妥当性が示され、施策を考えたが、現場では使われなかった」という状況にならないためにも、検証に着手する前に関係者間で認識を揃えておく必要があります。

仮説構築を
うまく進めるポイント

　よい仮説があればすぐにデータ分析に行動を移して課題解決へつなげられますが、いざ仮説を構築しようとするとはじめのうちはよい仮説を考え出すのが難しいかもしれません。

　実際、筆者らのようなコンサルティング会社においても、新入社員や未経験で中途入社された方などは最初のうち、仮説構築に苦しむことがあります。その際、一番効果的なのは、数をこなすことです。実際のビジネス課題だけでなく、プライベートな時間も含めて自身の日々の生活の中でのちょっとした問題に仮説を構築してみることで、感覚を少しずつ育てられます。繰り返しこなすことで精度も高まり、自然と仮説構築がクセになってきます。とは言え、数をこなすまで待つだけでなく、すぐに仮説の精度を高めたいという悩みに役に立つのが「フレームワーク」です。

　世の中には、多くのフレームワークが存在します。そのすべてをここでご紹介するのは難しいため、ロジカルシンキング等の専門書に譲りますが、本書ではデータ分析の仮説立案の際にも頻繁に利用される3つのフレームワークをご紹介します。

① 5W1H/6W2H

　まずは前章でも紹介した5W1H/6W2Hです。5W1Hは読者の皆さんも学生時代に授業で触れたことがある人も多いのではないでしょうか。「What（何を）」「Who（誰が）」「When（いつ）」「Where（どこで）」「Why（なぜ）」「How（どのように）」の6つの要素を使って対象の情報を正確に整理し、把握・伝達できるフレームワークです。**6W2Hは、5W1Hに「Whom（誰に）」「How much（いくらで）」の2要素を加えたものです。** ビジネス

シーンにおいては多くの場合、特定の顧客層「Whom（誰に）」に対して課題とコスト「How much（いくらで）」を明確にしてアクションを打つ必要があるため、6W2Hの方がより実践的であると言えます。

② 3C分析

2つ目のフレームワークは、Customer（顧客）、Company（自社）、Competitor（競合他社）の3つの「C」について分析する3C分析です。事業計画やマーケティング戦略を決定する際に使う手法で、顧客・自社・競合他社の観点から考えることでビジネス環境を抜けもれなく把握できます。顧客の関心は何か、自社の弱みは何か、競合が成功した要因は何か、という観点から仮説を立てます。自社だけではない別の立場の視点に立つことで新たな切り口を見つける手法と言えます（図表3-3）。

③ 4P分析

3つ目は、Product（商品）、Price（価格）、Place（場所）、Promotion（販促）の4つの観点から施策内容や改善余地を考える4P分析です。4P分析は主にマーケティングの領域で施策を検討する際に利用されることが多いフレームワークです。どのPの要素に売上向上の余地があるのかを探っていき

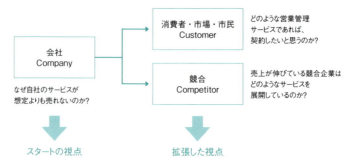

図表3-3　フレームワークの活用例：3Cを活用した場合

出所：筆者作成

ます。Product/Price/Promotion は比較的イメージがわきやすいと思いますが、Place だけは少しイメージがわきにくいかもしれません。特定の地域や店舗、近年ではデジタル接点の拡大によりチャネル（対面、アプリ、メール……）を Place と捉えてフレームワークを活用することも増えています。

　上記3つのようなフレームワークに加えて、**業務プロセスを軸に整理する**こともあります。今回のケースで言えば、営業という顧客と接しているその瞬間だけでなく、前後のプロセスに課題がないかを考えてみます。

　例えば、営業の前には必ず営業準備のフェーズがありますが、顧客の情報を事前にしっかりとリサーチした上で、アプローチすべき適切な顧客を選定できているのか、顧客の現状に合わせてサービスが本当に適切かを検討できているかといったことも、成約率に影響を与えます。同様に、営業後についても適切にフォローできているか、場合によっては契約後のアフターサービスを考えることで新たな仮説が生まれるかもしれません（図表3－4）。

　このような**視点の転換や視点の拡大**を用いることで、分析仮説により深み

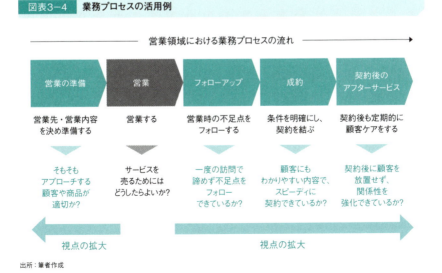

図表3－4　業務プロセスの活用例

出所：筆者作成

や広がりが生まれます。皆さんもデータ分析の仮説立案に行き詰まった際には、ぜひフレームワークや業務プロセスを活用して、視点を変えてみることをおすすめします。

仮説立案の
パートナーとしてのAI活用

　最近では生成AIに仮説立案をサポートしてもらうことも可能です。少し例は変わりますが、コンビニの売上向上の仮説立案を例に取って検証してみましょう。ChatGPTに前提を入力し、他にどのような原因が考えられるのかを問いかけてみます。すると、既にわかっていた気候面（気温が例年よりも高かった）という事実に加えて、COVID-19の影響、需要増加による在庫不足、マーケティング戦略の変更といった新たな要素が提示されました（図表3-5）。

　もちろん、これはGPTの勝手な仮説であり、そこには何も確たる事実はありません。しかし、これまでわかっていなかった新しい思考の軸が足されたことは事実です。これをそのまま上司やお客様に提示してしまえばただのAI妄信者ですが、提示された要素をヒントにこういった事実があったかを追加調査すればどうでしょう。新たな要素が加えられ、より"もれなく、かぶりなく"整理された要素にそれぞれのリサーチ結果（≒妥当性）も加わった上で上司やお客様に提示できます。

　つまり、生成AIのサポートによりMECEな枠組みを整理するために頭を使う時間が短縮され、それらを事前にリサーチして妥当性を確かめることでアウトプットの品質向上が見込めます。ある意味、自分だけでは知識や経験が足りなかった部分をAIに補完してもらえるわけです。

　また、フレームワークを使うことで、より実践的なものに進化させることも可能です。先ほどのコンビニの売上低迷の原因について考えさせるプロンプトに、「3Cのフレームワーク」の観点で考えるようつけ加えて生成AIに問いかけてみましょう。得られた結果は、3C分析の3つのCの観点から整理されて回答されています（図表3-6）。今回は3Cを例に出しましたが、

第3章｜データ分析のための仮説立案　049

図表3-5　生成AIによる仮説構築のサポート

出所：ChatGPTを用いて筆者作成

　先述した4Pで再出力させることもできますし、GPTとのインタラクティブなやり取りの中にフレームワークを用いることで、より精度の高い仮説構築がスピーディに進められるようになります。このように、生成AIに思考や整理のヒントを与える上でもフレームワークは有効に働きます。

　筆者らのアクセンチュアでは、実際にディスカッション相手として、生成AIを活用するチャレンジをはじめています。日々の会議にAIが参加し、そ

図表3-6 フレームワークも考慮した生成AIでのサポート例

You
あなたは優秀な小売業界のコンサルタントです。

現在、コンビニエンスストアのクライアントを支援しているあなたはクライアントの売上が例年よりも伸びていない原因について調査し、その原因をもとに取るべきアクションを提示する必要があります。現状でわかっている事実は下記の2点です。
①今年の夏は例年よりも売上が伸びなかった
②今年の夏は例年よりも暑かった

上記以外に考えられる原因があれば、理由の仮説を3Cのフレームワークをベースにして提示してください

ChatGPT
理由の仮説を3Cフレームワーク（Customer, Company, Competition）に基づいて提示します。

③ 顧客（Customer）：
今年の夏、顧客のニーズや嗜好が変化した可能性が考えられます。例えば、健康志向が高まっている中で、低カロリーや健康的な食品・飲料の需要が増えたり、特定の商品カテゴリに対する関心が低下した可能性があります。調査を通じて顧客の動向を把握し、需要の変化に対応する商品ラインの調整が必要かもしれません。

④ 企業（Company）：
コンビニエンスストア自体の経営戦略や店舗運営に課題がある可能性があります。たとえば、陳列の最適化や販促活動の不足、サービスの向上が必要かもしれません。また、競合他社との差別化が不足している場合、顧客獲得や維持に課題が生じている可能性も考えられます。

⑤ 競合（Competition）：
他のコンビニエンスストアや飲食店との競争が激化している可能性があります。競合他社が新しい商品やサービスを導入し、それに対抗できていない場合、顧客が他の選択肢を選ぶ可能性があります。競合分析を通じて市場の動向や競合他社の施策を理解し、差別化や新規性を取り入れることが求められるかもしれません。

これらの仮説に基づいて、より具体的なデータ収集や分析を行い、問題の本質を明らかにした上で、適切な戦略や改善策を提案することが重要です。

出所：ChatGPTを用いて筆者作成

の会議内容を音声認識すると共に、そこで出たアイディアをサマリしてくれるだけでなく、アイディアの抜け漏れなどを補足してくれます。図表3-7の右側で示されているのは会議の内容をもとにAIが生成したアイディア一覧です。No.1〜5で提示されているのは、アクセンチュアメンバーが会議中

第3章｜データ分析のための仮説立案　051

図表3-7　アクセンチュアにおけるAIによる会議中のサポート

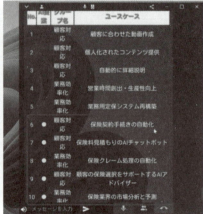

出所：筆者作成

に話した内容をサマリしたものです。

　一方、No.6～10は会議中には触れられていないものの、AIが会話内容から考えるとこんな案もありえるのではないか、と追加提案してきた内容です。この仕組みの中では、アクセンチュアの過去の他社事例なども学習して、より会議内容に適した案を出してくれるよう開発されています。まさに上記で紹介したような活用方法を実践し、仮説構築のディスカッションパートナーとしての活用をはじめているのです。

仮説構築に潜むバイアス

　仮説構築をする上でバイアスの存在に足をすくわれないよう注意する必要があります。バイアスとは偏見のことを指しますが、データ分析における仮説構築の際にも複数のバイアスが悪さをし、結果的に正しい仮説構築の思考を邪魔することがあります。その中でも、ここでは社会的バイアス、サンプリングバイアス、確証バイアスの3つについて重点的に説明します。

①社会的バイアス

　まずは、**社会的バイアス**です。これは名前の通り、文化的・歴史的背景に根付いたバイアスです。例として米国における犯罪予測システムが挙げられるでしょう。米国では古くから犯罪抑制のために、どの地域で犯罪が起きる可能性が高いかを予測しています。しかし、このシステムは当然過去の逮捕データをもとにして作られています。黒人の人種差別があったことは皆様もご存じだと思いますが、そういった歴史的な背景もあり、逮捕データは黒人のものが多いのが事実です。そのため、過去の逮捕データをもとに予測すると黒人が多く居住する地域を犯罪リスクが高いと予測してしまいます。その結果、該当地域における警官のパトロールが増え、さらに黒人の逮捕が増えるといった負のフィードバックが起こってしまいます。これが社会的バイアスです。

②サンプリングバイアス

　2つ目は**サンプリングバイアス**です。有名な例としては、第二次世界大戦における海軍の戦闘機被弾分析が挙げられるでしょう。海軍分析センターにおいて、撃墜されずに帰還した戦闘機の被弾箇所を調査し、敵からの射撃被

害を最小限に抑えるための改良をしようとしていました。分析結果をもとに「任務から戻った戦闘機で損傷が最も多かった場所の装甲を厚くするべきだ」と主張したのです。実際の被弾箇所を可視化した結果が図表3－8です。両翼や尾翼の末端が多く被弾しているように見えますが、これらを強化することは本当に正しいのでしょうか。聡明な読者の皆様であれば既にお気づきでしょうが、本当に致命的な箇所に被弾したのであれば、戦闘機は撃墜され帰還していないでしょう。

　つまり、コックピット周辺・エンジン部分・両翼中央部分といった戦闘機の重要機能を担う部分やパイロットの命に直結する箇所に被弾した戦闘機は撃墜されてしまっているのです。任務から生還した機体のみを分析対象としていることで、本来見たい事実が歪んでしまった事例と言えます。上記のような事実から、この事例はサンプリングバイアスの中でも特に生存バイアスと呼ばれています。

図表3-8　生存バイアスの例：第二次世界大戦における海軍の戦闘機被弾分析

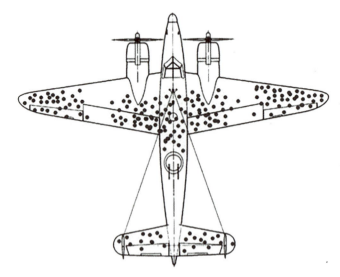

出所：Abraham Wald（1943）, File:Survivorship-bias.svg - Wikimedia Commons

③ 確証バイアス

　最後に紹介するのは、**確証バイアス**です。仮説構築において、実はこの確証バイアスが前の2つのバイアスより悪影響を及ぼす可能性があります。**確証バイアスとは、開発者や観察者が真実であると信じている仮説や結果をより重視してしまうバイアス**を指します。

　最も有名なのは2012年にコロンビア大学の医師がおこなった分析でしょう。この医師は1人当たりのチョコレートの年間消費量が多い国ほどノーベル賞受賞者数が増えるという研究結果を発表しました。これはフラバノールが認知機能を高めるという仮説を裏づけるためチョコレートの消費が多い国では認知機能が高く、その結果ノーベル賞の受賞が多いのではないか、と主張したものです。

　図表3-9を一見すると納得してしまう人もいるかもしれませんが、これは本当でしょうか。答えはNoです。この背景には**疑似相関**という現象が絡んでいます。疑似相関とは、本来は直接関係ないもの同士に別の要因を挟むことで、あたかも直接関係しているように見えてしまう現象です。

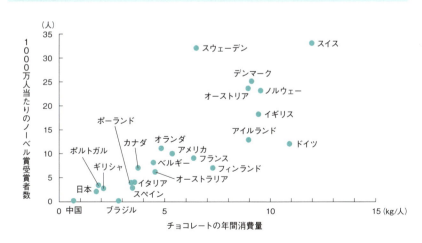

図表3-9　確証バイアスの例：チョコレートの消費量とノーベル賞受賞者の関係

出所：Messerli (2012)

今回の例で言えば、チョコレートの年間消費量とノーベル賞受賞者数に直接的な関係があるわけではなく、実際はその国がどれだけ豊かかどうかが本質的な要因として隠れています。つまり、国が豊かであるほど国民は経済的に余裕があるため嗜好品であるチョコレートの消費量も増え、国が豊かであるほど教育制度が充実しているため教育水準や研究費も高くなりノーベル賞受賞者も増えやすい、という蓋を開けてみればとてもシンプルな理由だったのです。これは、医師がフラバノールの認知機能を何が何でも証明したい、そういった機能があるに違いないという思い込みによって誤った仮説構築・検証をしたことが原因です。こういった個人の強い思い込みもバイアスにつながるのです。

　ここまで、社会的バイアス、サンプリングバイアス、確証バイアスについて説明してきました。いずれも正しい仮説の構築やその後の分析・検証に悪影響を与えるものでした。データの背景や出所を丁寧に確認することはもちろん、自分自身の思考の中に無意識のバイアスが潜んでいないか、それをベースに無理やり仮説が成り立つようリサーチや分析結果を歪めていないか。バイアスを排除した正しい仮説構築・検証をするため、常にバイアスがないかに注意するよう意識することで本当にビジネス上価値のある仮説構築が可能になるでしょう。

第3章のまとめ

☑ 課題定義で特定したテーマに対して、具体的な分析仮説を検討するプロセスを仮説立案と呼ぶ

☑ 仮説立案では、課題定義同様にロジカルシンキングの手法を用いて仮説を洗い出す。特に3C分析や4P分析などのフレームワークを有効活用していくことが重要となる

☑ 上記に加えて、立案した分析仮説がアクションを起こせる内容になっているか、実際に分析可能なデータが存在するかも総合して優先順位を設定する

☑ これらの分析仮説を立案する際には、生成AIをパートナーとして活用し、人間の考えのサポート・補完をさせることも有効である

☑ また、仮説を立案する際には、「確証バイアス」などの各種のバイアスに注意し、人間の偏見や思い込みを排除することを意識する

第4章

データの収集・加工・探索

本章では、課題定義・仮説立案の後、実際に統計的な分析手法を活用していく前準備であるデータ収集・加工・探索について触れていきます。当然ですが、データ分析と名がつくからにはデータがなければはじまりません。まず、データ収集のステップにおいて社内で活用可能なデータを収集（場合によっては社外からの購入も含む）し、複数のデータを結合したり加工したりしてデータを使える状態まで整えます。

また、並行して種々のデータ探索をおこない、データを利用する上での特徴・概観をつかみます。昨今、データ収集・加工・探索の作業も型化されてきていますが、はじめて触れるデータを活用する際には今でもデータ分析プロセス全体の半分以上（多い時には8割を占めることもあります）の時間を要する重要なステップであることを意識しながら読み進めてください。

データの収集

　ここでは、データ収集のポイントと、データが不足している場合の対応について説明します。これまでのステップで素晴らしい分析仮説が立てられたとしても、データがなければそれを検証できず、結果として課題解決につなげられません。

　一方、データがあったとしても、すべてのデータが分析に適しているわけではないのです。データ活用の世界では、「Garbage in, garbage out（ごみを入れたらごみが出てくる）」という表現があります。分析に使うデータが目的に合致していない場合や、データの品質に問題がある場合は、出てくるアウトプットは価値のないものになってしまいます。これは、どれだけ最新の手法を使おうとも、どれだけ高価なツールを使おうとも同様なため、本章で紹介するデータ収集の観点からデータが仮説検証に適しているかをチェックすることは非常に重要です。

　データを収集すると一口に言ってもただ集めればよいというわけではありません。ビジネス課題や立案した仮説を検証するのに有効なデータとするための観点として、ここでは以下の5つを紹介します。

　　①データが分析の目的に合致しているか
　　②データの利用範囲は適切か
　　③データの背景や条件が明確になっているか
　　④データの量が十分にあるか
　　⑤データの質は十分か

　5つの中に優先順位があるわけではなく、どれか1つが欠けてもいけない

重要な観点です。それぞれについて、詳細を確認していきましょう。

①データが分析の目的に合致しているか

　まず、**データが分析の目的に合致しているか**を確認します。何の目的でデータを使用するのか、そのためにはどのようなデータが必要なのかを明確にして、**対象・粒度・期間・鮮度**の観点から適切に選別する必要があります。商品の需要予測をおこなう場合であれば、過去の売上実績に加えて、需要の増減に関わる天候データやキャンペーン実績も必要な可能性が高いでしょう。

　さらに、データの粒度・期間についても、日別の予測をおこないたい場合は、データが月単位でしか取得されていなければ検証することはできませんので、最低でも日別でデータが収集可能かを確認します。期間についても、多くの商品には季節性があるため、最低でもその周期性を確認できる1年分のデータは必要でしょう。また、データの鮮度の観点も重要です。COVID-19の流行前後で顧客の消費行動は大きく変わっていることも多く、最新の顧客動向を分析するにはCOVID-19以前のデータは向いていないかもしれません。

②データの利用範囲は適切か

　2つ目は、**データの利用範囲は適切か**です。昨今のビジネスシーンでは、データ分析において個人情報の利用が厳しく制限されています。特に、2016年にEUで制定されたGDPR（EU一般データ保護規則）はEU圏外の企業も含めて個人情報保護に対する意識・対応を大きく変えました。企業によっては、データを管理する部門が独立していることもあります。また、特定の人しか扱うことができないデータが存在するケースも近年多くなっています。加えて、現在の利用規約上、顧客からお預かりしているデータが分析への活用が許諾されていないことも往々にしてあります。そういった際には、データ分析に取り組む前にユーザーへの利用許諾変更を取らなければならない等、すぐにはデータが活用できないこともあるため、確実にデータの利用範囲を確認しましょう。仮に、データ自体は利用可能でも、セキュリティルーム内のPCのみなど、データを触れる環境が制限されている場合もありますので、その点も確認が必要です。いずれにしても、データ分析をお

こなうビジネスパーソンは必ずデータを活用するに当たって、個人情報保護やセキュリティの観点で問題がないかを意識するようリテラシーを高く持たねばなりません。

③データの背景や条件が明確になっているか

　3つ目は、**データの背景や条件が明確になっているか**どうかです。データや、データの内容を説明した項目定義書を見るだけでは、データがどのように発生しているのかまでわからないケースがあります。

　例えば、工場にある設備の1つにセンサーを取りつけて、設備内の温度のデータを分単位で取得していたとします。そのデータに「時刻」という項目が存在していた場合、その情報だけでは、温度の測定をはじめた時刻なのか、温度の測定が終了した時刻なのか把握できません。項目の意味があいまいなまま分析を進めると、結果の解釈を誤ってしまったり、関係者間で認識の離齬が発生する可能性があります。データの背景と条件を知るためには、実際にサービスを利用したり、現場に足を運んでデータの生成過程を理解することが有効です。

④データの量が十分にあるか

　4つ目は、**データの量が十分にあるか**という点です。分析の目的により、必要なデータ量は異なりますが、データが少なくて困ることはあっても得をすることはありません。

　特に、後述する**機械学習**と呼ばれる分析手法群を利用するには、データの量が少ないと予測精度が向上しないことが多く見られます。機械学習を使わない場合でも、データの量が少ないと、1つひとつのデータが分析結果に与える影響度合いが大きくなるため、個別例の結果に引っ張られやすくなってしまいます。極端な例で言えば、ある政策についての賛成・反対について、1,000人分のデータがあれば1人の回答は0.1%しか影響しません。しかし、データが10人分しかなければ、1人の回答が10%もの影響を与えることになり、1つのデータによって結果が大きく変動します。

　一方で、データの量が多すぎるとストレージ容量や計算機のコストなど

違った課題が発生することもあります。しかし、技術の進化と共にこのような課題も徐々に改善されつつあるため、やはり基本的にはデータは量が多いほどよいと言えるでしょう。

⑤データの質は十分か

最後は、**データの質は十分か**という点です。これは先述した「Garbage in, garbage out」に直結する観点です。データに外れ値・異常値・欠損値（いずれも後述します）が多く含まれていると、分析の結果が使い物になりません。

例えば、100点満点のテストで、何らかの理由で点数がマイナスになっていたり、101点以上のデータが存在している場合、分析結果は信頼性に欠けたものになります。このようなケースでは、前処理と呼ばれる工程で除外や補完をおこないますが、異常値・外れ値・欠損値の件数が多すぎる場合、前処理に費やす時間が長くなってしまいます。分析のプロジェクトは予算や期間が限られることが多く、前処理に時間を使いすぎてしまうと、肝心な分析に十分な時間を取れなくなってしまいます。

ここまで、データ収集における5つの観点を紹介しました。データがあればすぐに分析できるわけではないことを改めて心に刻み、分析に取り組む前に分析に適したデータが収集できていることを入念に確認しましょう。

データが不足している場合の対応

データ分析をおこなっていると、仮説検証に必要なデータが不足している状況に頻繁に出くわします。本節では、データが不足している場合の対応について、3つのパターンを紹介します。

①社内・社外で使えるデータが他にないかを探す

1つは、王道ですが、**社内・社外で使えるデータが他にないかを探す**ことです。自分がすぐに使えるデータ以外にも、社内で管理しているデータが存在する可能性は高いと言えます。特に、データを管理している部門があれば、必要としているデータがないかを問い合わせ、利用できるように改めて調整してもらうことも可能です。この時、データ管理部門の担当者と良好な関係を築いておくと、スムーズに調整が進められることが多いでしょう。

社内に必要なデータがない場合、公開データ（パブリックデータ）を検索したり、データベンダーから購入することもあります。利用の条件が設定されていることもありますが、社外に目を向けてみると、仮説検証に適したデータが見つかることもあります。仮説検証の優先順位をつける際に、データの有無について確認することに触れましたが、その際にも外部データの購入を検討することで、データがないことで有力な仮説検証ができないという事態を避けることができる可能性があります。

当然、一から自身でリサーチをかけ、公開データを洗い出すことも可能ですが、こういった**公開データのリサーチに生成AIを活用する**のも1つの手でしょう。もちろん、ありもしない公開データを作り出して回答してしまう（ハルシネーション）リスクもありますので、実際のURLも同時に出力させるなど実在のものだけを出力するようプロンプトを工夫する、提示された公

| 図表4−1 | 生成AIを用いた公開データリサーチのイメージ（気象データの例） |

Your
上記課題に対して、パブリックデータで気象による影響を検証できるようなデータを探しています。
日本国内において、公開されている気象データを複数挙げて、そのURLを含めて提示してください

ChatGPT
気象庁が提供する日本の気象データにアクセスできます。以下は、いくつかの気象データへのリンクです：

1. 気象庁の過去の気象データ：
   - このサイトでは、過去の気象データや観測値を検索できます。特定の期間や地域に関するデータを取得できます。
2. 気象庁の気象統計情報：
   - このサイトでは、観測データをCSV形式でダウンロードできます。地点や期間を指定してデータを取得できます。
3. 気象庁の過去の気象データ（LIS観測所）：
   - LIS（地域緊急気象観測ネットワーク）の観測所での気象データも取得できます。

これらのデータは気象庁の公式ウェブサイトから利用可能です。データのダウンロードや利用には、各サイトで指定されている利用条件や規約に従う必要があります。

出所：ChatGPTを用いて筆者作成

開データの出典や特徴をしっかりと確認するといった最低限のことは人間がおこなう必要があります（図表4−1）。

②手元のデータから必要なデータを算出・推定する

　2つ目の方法は、**手元のデータから必要なデータを算出・推定する**ことです。わかりやすい例で言えば、「年齢」のデータがなかったとしても、「生年月日」のデータがあれば、現在との差分を求めることで年齢を算出できます。同様に、「契約期間」がなかったとしても、「契約日」のデータがあれば算出可能です。機械学習や統計モデリングによって存在しない項目を推定す

るという高度な手法もありますが、それ自体に一定の分析スキル・ケイパビリティが必要であったり、予測（本来求めたいもの）に予測結果（項目の推定結果）を使うという二重予測になってしまい精度が低下しやすいこともあるため、まずは他のデータから間接的に算出できないかを考える方がシンプルです。

③必要なデータを新たに蓄積する

3つ目の方法は、**必要なデータを新たに蓄積する**ことです。まず、収集できている（＝既に活用可能な）データを使って分析をおこないます。それと並行して、分析の結果から得られた示唆も考慮に入れながら、追加で必要なデータを特定し追加収集を開始します。

ただし、この方法は新たに収集したデータを使えるようになるまで時間がかかるという課題があります。また、新たにデータを収集する場合には、システムの構築・改修が必要となることも多く、業務自体を変える必要があるケースもあります。新たに収集する場合には、データが手に入ることによるメリットだけでなく、現場の負担増加やシステム改修コストなどを考慮し、本当に価値があるのかを見極めた上でアクションしましょう。

これらの課題を乗り越えることができれば、確実に分析に必要なデータを収集可能なため、非常にパワフルなアプローチとなるでしょう。

ここまで、データ収集における5つのポイントと、データが手に入らない場合の対応策を説明しました。「garbage in, garbage out」であることを大前提とし、本当にビジネス上で価値を出すためにはどのようなデータを収集する必要があるのかを常に意識しながら、データを収集してください。

Point 3 データ探索

　検証すべき仮説が明確になり、必要なデータを収集できたら、いよいよ仮説の検証をおこないます。検証方法としては、集計・可視化だけでなく、統計的な仮説検定や機械学習・統計モデリングと利用される方法も多種多様です。いずれのアプローチにおいても、活用するデータの概略を理解することは非常に重要です。ここでは、**要約統計量**と呼ばれる代表的かつ集計すべき指標群の理解とそれらを表やグラフでどのように可視化していくかを紹介します。

　まず、要約統計量とは何かを見ていきましょう。あるデータ（統計手法のインプットとする際には変数とも呼ばれます）がどのような特徴・傾向を持っているかを捉える際に用いられる主な指標のグループとして、代表値・散布度の2つが挙げられます。それに加えて、扱う変数が時間の経過に沿って整理・記録されている時系列データの場合、時系列性も追加した3つの指標グループについて見ていきましょう。

　代表値は、その変数の値が全体的にみて大きいのか、はたまた小さいのかという大小を表現する統計量の総称です。代表値には誰もが知っている平均値の他、中央値、最頻値といったものが含まれています。

　散布度は、変数の値がどれも近い値を取っているのか、それともバラバラに離れた値を取っているのかを表現する統計量の総称です。主なものとして範囲や分散、標準偏差といったものがあります。

　時系列性は、時間軸に沿って整理されたデータを観察する時に利用される指標群であり、一定のリズムでどのような変化を持っているのかを表す周期性と、多少の浮き沈みを別にして長いスパンでみた時にその変数がどのように推移しているかを指すトレンドがあります。

　早速それぞれの指標の詳細を学んでいきましょう。

第4章｜データの収集・加工・探索　067

代表値

　代表値は、変数の値が全体的に大きいのか、小さいのかという大小を表現する値です。例えば図表4-2のデータを例に考えてみましょう。

　これらのデータをもとに、1組と2組それぞれのテスト結果の比較をしたい場合、どのようにすればよいでしょうか。1つは、全員分のテストスコアを並べるという方法があります。点数の小さい順に並べ直してみると、図表4-3のようになりました。

　このように並べ替えてみると、下記のように理解できます。

- 2組のFさんは全員の中で最も点が低く、1組のEさんは最も点が高い
- BさんとCさんとGさん、DさんとHさんはそれぞれ同じ点数である
- 2組のIさんは1組のほとんどの人よりも点が高いが、1組のEさんよりは点が低い

　データを並べ替えることで、各人の点数について比較することができました。では、これらの比較結果をもとに、どちらの組の方が高得点だったと結論すればよいでしょうか。各人を比較する上記のやり方では、個別に大小を比較していくことはできますが、全員分を細かく比較していくのは手間がかかりますし、どちらの組の方が高得点なのかの結論は難しいままです。こういった際に利用できるのが代表値です。

図表4-2	1組と2組のテスト結果

1組（5名）		2組（4名）	
名前	テストスコア	名前	テストスコア
Aさん	20点	Fさん	10点
Bさん	30点	Gさん	30点
Cさん	30点	Hさん	50点
Dさん	50点	Iさん	90点
Eさん	100点		

出所：筆者作成のダミーデータをもとに集計・作図

　代表値は、データに含まれる値すべてについての大小の情報を要約することができます。今回の例では「1組のテストスコア」と、「2組のテストスコア」それぞれについて、含まれている生徒全員分の得点の大小の情報を要約します。先ほどはデータを並べ替えて全員分比較していましたが、ここから

図表4-3	点数の小さい順に並べたテスト結果

組	名前	テストスコア
2	Fさん	10点
1	Aさん	20点
1・2	Bさん・Cさん・Gさん	30点
1・2	Dさん・Hさん	50点
2	Iさん	90点
1	Eさん	100点

出所：筆者作成のダミーデータをもとに集計・作図

第4章｜データの収集・加工・探索　069

は個人の点数ではなく、組ごとの代表値を計算して、比較してみます。

ここでは、ビジネスシーンでも最も利用頻度の高い3つの代表値である「平均値」「中央値」「最頻値」を考えます。

①平均値

まず、皆さんもよくご存じの平均値から見ていきましょう。組ごとの平均値を計算してみると図表4-4のようになりました。

実際に計算した結果から、平均テストスコアでは1組の方が1点だけ高得点でした。これを利用すれば「今回のテストでは2組よりも1組の方が高得点だったが、その差はわずか1点でありほぼ同等の結果であった」と言えそうです。平均を計算することで、各組のテストの点の大小について要約でき、それらを比較できました。

このように、読者の皆さんも普段から親しんでいる平均という指標も実は代表値の1つです。代表値は、1人ひとりの具体的な値はさておき、ある集団（≒データ群）に含まれているデータサンプル全体について値の大小の情報を要約したものです。データの中に大きい値のサンプルが多く含まれていれば平均値は高くなりますし、反対に小さい値のサンプルが多ければ平均値は小さくなります。

実は平均値と一口に言っても、平均値には様々なバリエーションがあります。私たちが日常的によく使用している「すべての値を足し合わせて、デー

図表4-4　組ごとの平均値

組	平均
1	46点
2	45点

出所：筆者作成のダミーデータをもとに集計・作図

タの個数で割る」という手順で計算される平均はその中の1つ、**相加平均**と呼ばれるものです。その他に相乗平均や調和平均といったものがあります。これらは、平均を計算する対象のデータがどのようなタイプのデータなのかによって使い分ける必要があります（図表4－5）。

では、適切でない使い方をしてしまうとどのような影響が出るのでしょうか。図表4－6のようなデータを使って、わざと誤った平均の使い方をすることで確認してみましょう。

このデータは、ある企業の売上がどのように推移してきたのかを記録したものです。成長率は、前年に比べて何パーセント、この企業の売上が増加したのかを示しています。この企業は、毎年平均的に何パーセントの成長をしてきたと言えるのか、相加平均と相乗平均それぞれを用いて計算してみたいと思います。

まず、相加平均を計算します。相加平均はすべての値を足してデータの個数で割ることで求められるので、

$(300 + 200) \div 2 = 250$

| 図表4－5 | 平均の種類と分類 |

平均の種類	算出方法	適用先	使用例
相加平均	n個のデータについて、すべての値の合計をnで割る	足し算することに意味があるデータ	テストの平均スコアを求める
相乗平均	n個のデータについて、すべてのデータを掛け合わせて、n乗根を取る	掛け算することに意味があるデータ	株価の平均的な伸長率を求める
調和平均	n個のデータについて、それぞれのデータの逆数を取り、それらの相加平均を取った上で再び逆数を取る	割り算の形で表現されているデータ	車の平均的な移動速度を求める

出所：筆者作成のダミーデータをもとに集計・作図

第4章｜データの収集・加工・探索　071

図表4-6	事例：企業の売上推移の記録	

年度	売上	前年比成長率
2023年	10億円	—
2024年	30億円	300%
2025年	60億円	200%

出所：筆者作成のダミーデータをもとに集計・作図

と、平均的な成長率は250%だと計算されました。

では、相乗平均も計算しましょう。相乗平均はすべてのデータを掛け合わせてから、データの個数分だけべき乗根（平方根を繰り返し取ること）を求めることで計算できます。すべての値を掛け合わせると、

$$300 \times 200 = 60{,}000$$

という結果になります。今回はデータの個数は2個なので、この値の平方根を取ります。

$$\sqrt{60{,}000} = 100\sqrt{6}$$

$\sqrt{6}$ は約2.45なのでそれに100をかけて、平均的な成長率は約245%と計算されました。

では、計算した2つの異なる平均を使って、2023年から2025年までの売上の変化を予測してみます（図表4-7）。

3年目の売上として予測された値と実際の3年目売上を比べてみましょう。相乗平均では値をまるめたことでわずかに差が出ているものの、実際の値である60億円とほぼ同じ値となりました。一方で、相加平均では62.5億円と、実際の値よりも過大な値が計算されてしまっています。今回は3年間の例で示したため比較的相加平均でも大きな差にはなっていませんが、これが10年にわたるような長期の予測や、より劇的な変化をしている場合はかい離が大きくなっていきます。

| 図表4-7 | 2023年から2025年までの売上変化の予測 |

年度	実際の売上	相加平均による予測 平均成長率250%	相乗平均による予測 平均成長率245%
2023年	10億円	—	—
2024年	30億円	25.0億円	24.5億円
2025年	60億円	62.5億円	60.0億円

出所：筆者作成のダミーデータをもとに集計・作図

　今回の成長率のようなデータは、掛け算されることに意味がある値のため、相乗平均を利用することが望ましいデータでした。そういったデータに対して安易に相加平均を適用すると、誤った値を導いてしまうことがありますので、実際のビジネスシーンにおいてもデータの特性を考えた上でどういった平均を求めるべきか考えることが求められます。

②中央値

　テストスコアの比較の話に戻りましょう。それぞれの組について、中央値という代表値を計算していきたいと思います。中央値とは、データを値の大小順に並べ替えた際に、ちょうど真ん中に来る値のことです。

　まずは1組から計算していきます。1組の5名のテストスコアは図表4-8の通りでした。

　全体が5名なので、順番に並べ替えると3番目の人がちょうど真ん中にあたります。今回のデータで3番目の人を確認してみるとCさんでした。このCさんの得点がそのまま中央値となるので、1組の中央値は30点であると言えます。

　ただし、1点だけ気になるポイントはあります。それは、ちょうど真ん中だったCさんと全く同じ点数を取っているBさんがいるということ。今回はアルファベット順にデータを並べていたのでCさんが真ん中になりました

第4章｜データの収集・加工・探索　073

図表4−8　1組のテストスコアと順位

1組（5名）		
順位	名前	テストスコア
5	Aさん	20点
3	Bさん	30点
3	Cさん	30点
2	Dさん	50点
1	Eさん	100点

出所：筆者作成のダミーデータをもとに集計・作図

が、本来はBさんも同じ得点なので、真ん中とされるのはBさんでもよかっ
たはずです。

　このように、中央値と判定されたデータと同じ値を取っているデータがい
くつもある状態でも、その中のどれか1つを中央値と判定してよいかと思わ
れるかもしれませんが、この2人は同じ得点を取っているので、どちらが3
番目、4番目になったとしても、結局中央値は変わらず30点ということに
なります。同じ値を取っているデータの並び順は中央値に影響しないため、
特に考慮する必要はありません。

　続けて、2組の中央値を計算してみましょう。2組の4名のテストスコア
と順位を確認します（図表4−9）。

　ここで問題が発生します。先ほどの1組では人数が奇数だったため全体の
真ん中に位置する人は3番目の人、と定義できました。しかし、2組は人数
が偶数のため、「真ん中」は2番目と3番目のちょうど間に位置することに
なり、データが存在しません。

　このような場合、真ん中に隣り合う2つのデータの平均を取ることが一般
的です。今回の例では、2番目のHさんの得点は50点、3番目のGさんは
30点なので、2組の中央値は40点となります。

図表4−9　2組のテストスコアと順位

2組（4名）		
順位	名前	テストスコア
4	Fさん	10点
3	Gさん	30点
2	Hさん	50点
1	Iさん	90点

出所：筆者作成のダミーデータをもとに集計・作図

　各組の中央値は1組が30点、2組が40点となったので、中央値に基づけば「2組の方が1組より高得点だった」と述べられそうです。

③最頻値

　最頻値とは、すべてのデータの中で最も件数が多い値・カテゴリのことです。人々の意見を集約する方法として多数決をすることがよくありますが、最頻値はそれをデータに対して適用したもので、「データの中で最も多い値がそのデータ群の代表的な値である」という考えに基づくものです。

　まず、1組について、最頻値を求めてみます。最頻値を求める際は、①そのデータが取りうるすべての値を書き出す、②それぞれの値を取っているデータの件数を数える、という手順で計算します。

　テストスコアの値ごとに各点を取っている人数がどの程度いたのかを集計してみると図表4−10のようになりました。30点を取った人が一番多く2人、他の得点についてはすべて1人ずつでした。つまり1組の最頻値は30点ということになります。

　では、2組についても計算してみましょう。先ほどと同じように、今回記録されたすべてのパターンのテストスコアについて、それぞれを取った人数を集計します（図表4−11）。

第4章｜データの収集・加工・探索　075

図表4−10	1組のテストスコア別の人数

1組（5名）	
テストスコア	人数
20点	1人
30点	2人
50点	1人
100点	1人

出所：筆者作成のダミーデータをもとに集計・作図

　集計した結果、各点を取っている人数はすべて同じでした。最頻値は多数決で最も多かった値のことを言うと先ほど述べましたが、この場合、最頻値は一体どこになるのでしょうか。結論から言うと、図表4−11では10点・30点・50点・90点すべての値が最頻値になります。今回のデータでは、1組と2組を比べる上では最頻値は利用できなそうです。

　最頻値は、量的変数よりも質的変数で計算されることが多い統計量です。

図表4−11	2組のテストスコア別の人数

2組（4名）	
テストスコア	人数
10点	1人
30点	1人
50点	1人
90点	1人

出所：筆者作成のダミーデータをもとに集計・作図

例えば、商品の満足度調査などでよく聞かれる下記のような質問への回答データを考えてみましょう。

> Q：あなたは本商品についてどの程度満足していますか？　最も当てはまるものを1つ選んでください。
> ・とても満足している
> ・やや満足している
> ・どちらとも言えない
> ・やや不満である
> ・とても不満である

　この質問への回答データは**順序尺度**と呼ばれる尺度です。順序尺度とは、値の間の順序には意味があるけれども、その間隔は一定ではないかあるいは測定ができないというもの。今回の質問の選択肢も、上にいけばいくほど満足度が高いという順序関係はあるものの、細かい数量的な関係は定義されていません。そのため、例えば「とても満足している」の回答の方が「やや満足している」の回答に比べて1.5倍満足度が高い、といった数量的な関係は見出すことができません。

　こういった順序尺度の質問では、項目と項目の間がはっきりと区切られていて、取りうる値も明確です。上の質問への回答は5つある選択肢のどれか1つになります。例えば「やや満足している」よりは上で、「とても満足している」よりは下、といったグラデーションの回答は許されません。回答が区切られていてはっきりしているので、多数決を取る最頻値と相性がよいと言えます。

　一方、前述のテストスコアのような連続変数では、それぞれの値はなめらかに続き0〜100点の間でどのような値も取れます。連続変数の1つである気温や湿度などは、ものすごく精密な機械で測定すると、理論的にはどこまでも細かく測定できます。1℃、2℃という1℃ごとの区切りにとどまらず、

精密な測定器を使えば0.001℃といったきめ細かい桁まで記録することが可能です。このようにどこまでも細かい桁を考えることが連続変数の特徴なのですが、それのどこが問題なのかと言うと、細かく測定できるあまり最頻値の計算に必要な「同一の値」の件数が限りなく少なくなってしまうこと。一見して同じ温度に見える2つの「1℃」というレコードは、より厳密には1.001℃と1.002℃と微妙に違うかもしれません。桁を細かくすればするほど、同一の値を取るサンプルの件数は0に近づいていきます。このように、連続変数は、「同一の値」を取るサンプルが限りなく少なくなってしまうので、最頻値とは本来的には相性がよくないのです。連続変数で最頻値を集計する際には、データを任意の区間ごとにまとめて1つのカテゴリとして扱うカテゴリ化（ビニングとも言います）してからおこなうことが多いです。カテゴリの区切りをどこにするのかによって結果は大きく変化するため、実際にカテゴリ化の処理をおこなう際にはデータの分布や性質をよく確認しながら実施する必要があります。

Point 5 平均値・中央値・最頻値の違い

　さて、ここまで1組、2組それぞれのクラスについて代表値を計算してきました。計算の結果を図表4－12にまとめておきましょう。

　今回見てきた3つの指標はどれも代表値に属するもので、データの全体的な大小を要約する値であるという点では同じでしたが、実際に要約された結果（計算された値）は指標ごとに異なっていました。今回のデータでは、どの指標に基づいて議論するのかによって、どちらの組をより高得点であったと結論づけるかが変わります。平均値に基づけば1組の方が、中央値に基づけば2組の方が高得点であると言え、最頻値では今回は比較が難しいという結論になります。

　平均値・中央値・最頻値は計算の方法からして性質が異なる指標であることは説明してきましたが、もう少し3つの指標の違いについて見ていきま

図表4－12　代表値の計算結果

代表値	1組	2組
平均値（相加平均）	46点	45点
中央値	30点	40点
最頻値	30点	すべてのレコードが同一件数

出所：筆者作成のダミーデータをもとに集計・作図

しょう(図表4-13)。これらの指標は、外れ値からどのくらい大きな影響を受けるかという点に違いがあります。外れ値については後ほど詳しく説明しますので、とりあえずここでは「データの全体的な傾向とはかけ離れた、極端に大きい、あるいは小さい値」のことを外れ値と呼ぶと理解しておいてください。

あるデータに外れ値が加わった場合、平均値は3つの指標の中で最も影響を受けるデータと言えます。中央値はデータを並べてちょうど真ん中にくる値なので、外れ値が増えてもそれほど影響ありません。また、最頻値は最も頻度の高い数値なので、そもそもその値を取ることが少ない外れ値がデータに加わっても影響はほとんど受けません。

現実のデータはきれいに山なりに分布していないことも多く、外れ値などが含まれていることは日常茶飯事です。そういったデータでは、平均の値は外れ値によって簡単に大きくあるいは小さくなってしまいます。このようなデータの姿を正しく捉えていくためには、私たちがよく使っている相加平均だけでは不十分であるということがご理解いただけるのではないでしょうか。**代表値はどれか1つが優れているというものではなく、見たいもの・調べたいことによって利用する代表値を変えていく必要がある**、ということをぜひ心にとどめてください。

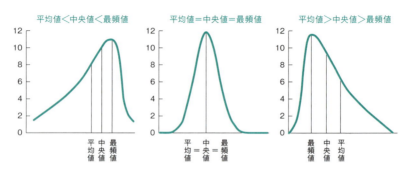

図表4-13 データの分布による平均値・中央値・最頻値の違い

出所:筆者作成のダミーデータをもとに集計・作図

数ある統計量のうち、ここまでは代表値についてみてきました。代表値を
みることでデータの大小の情報について知ることができました。一方で、
データがどれくらい散らばっているのか、という情報は代表値からは得るこ
とができません。この状態では、データについてまだ十分に理解できたとは
言えないでしょう。そこで次に、データの散らばりの情報を要約する統計量
である散布度についてみていきたいと思います。

　データの散らばりについての情報を要約した統計量である散布度は、変数
の値がどれも近い値を取っているのか、それともバラバラに離れた値を取っ
ているのかを表します。散布度をみることで、先ほどみていた代表値という
「点」の情報だけでなく、どの程度データがばらついているのかという「幅」
に関する情報が得られ、データについての理解を深めることができます。こ
こでは、代表的な散布度の統計量である範囲と分散・標準偏差についてみて
いきましょう。

Point 6 散布度

①範囲

　範囲はその名が表す通り、データが取りうる「幅」を表すもので非常にシンプルな統計量です。範囲は実は、2つの統計量を組み合わせて計算されます。そのもとになるのは、データのうち最も大きな値である最大値と、データのうち最も小さな値である最小値です。最大値から最小値を引いた値が範囲です。先の各組のテストスコアのデータを使って、実際に範囲を計算してみましょう（図表4−14）。

　範囲を計算してみると、今回のデータではどちらの組も同じ80点という値になりました。一般用語として範囲と言われると「10点から30点まで」とか、「30歳から39歳まで」といった2点間を同時に示した表現を想像しが

図表4−14　最小値・最大値と範囲の関係

	説明	例）1組	例）2組
最小値	データの取っている値の中で最も小さな値	20	10
最大値	データの取っている値の中で最も大きな値	100	90
範囲	最大値−最小値で計算される、データが取っている幅の広さ	100−20 = 80	90−10 = 80

出所：筆者作成のダミーデータをもとに集計・作図

ちですが、統計量である範囲は2点間の「幅」だけを表したものです。そのため、最小値が100で最大値が200のデータセットと、最小値が200で最大値が300のデータセットという2つのデータセットがあった場合、これらの範囲はどちらも同じく100になります。データの上限と下限の情報を知りたい時は、もとの統計量である最大値、最小値もあわせて確認するとよいでしょう。最大値や最小値の確認をおこなうことで、外れ値の存在にも気づくことができます。

②分散・標準偏差

散布度の指標のうち、最もよく利用されるのが分散・標準偏差という統計量です。標準偏差は分散に計算手順を加えただけのもので、確認することができる性質はほとんど同じですので2つの指標をあわせて説明します。

分散とは、各データの平均値からの離れ方がどの程度か、という情報を要約したものです。

観測されたデータの平均$\bar{X}$と、観測データそれぞれの値X_iの差を二乗した値の平均で算出できます。図表4－15のように、求められたN個の正方形の面積の平均が分散であると言えるでしょう。算出する数式は次ページの通りです。

図表4-15　分散の計算イメージ

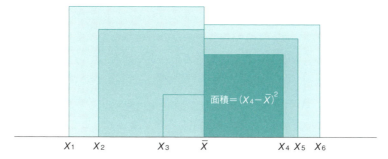

出所：筆者作成のダミーデータをもとに集計・作図

$$\frac{1}{n}\sum_{i=1}^{n}(X_i - \bar{X})^2$$

なぜ、わざわざ「平均と観測データの値の差の二乗」というややこしい計算をしているのでしょうか。平均からどの程度の離れ方で値が散らばっているのかを定量化したいという目的に照らせば、直感的には二乗せずに「平均と観測データの値の差」を使ってもよさそうに思えます。

しかし実は、二乗をおこなわないで算出される「平均と観測データの値の差の平均」を実際に求めてみると、どんなデータセットでも値が0になってしまいます。平均からの離れ方は、平均よりも大きかった観測値では正の値を、平均よりも小さかった観測値では負の値を取るため、そのまま平均を求めようとして合計するとお互いに打ち消しあってしまいます。そのため、平均的な離れ方を算出するためには負の符号を取り払う必要があり、二乗するというステップを踏んでいます。二乗することによって平均と観測値の差が正だったものは正の値×正の値＝正の値、平均と観測値の差が負だったものについても負の値×負の値＝正の値となり、符号を気にせず計算できるのです。

私たちは分散を計算することで、データがどのくらいばらついているのか、という「散らばり」についての情報を得ることができます。実際に、分散が大きいあるいは小さいという状態は、データとしてはどのような分布をしているものなのか考えてみましょう。例として、下記のようなECサイトのユーザーごとの総購入金額のデータを考えます。

図表4-16のデータA（左図）とデータB（右図）は、平均値は4,759と4,980で規模感は同程度ですが、Aは分散が大きく、Bは分散が小さいデータになっています。どのような違いがあるのか確認してみましょう。

平均値付近の人数が多いことは両方のデータで共通していますが、人数には違いがあります。平均値付近である4,500～5,000円の人数を確認すると、Aは21人、Bは39人でBの方が多いことがわかります。Bは尖った山のような形になっていて、Aはより扁平な山形になっています。このように、分散が大きいデータは分散が小さいデータに比べて、代表値から遠く離れたデータが存在しています。

図表4-16　分散の違いから見るデータ分布の差

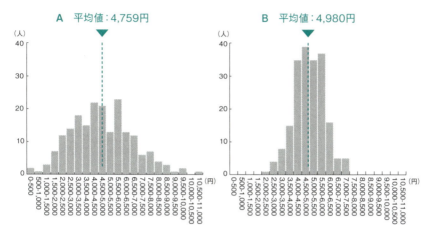

出所：筆者作成のダミーデータをもとに集計・作図

　次に標準偏差の定義を確認しましょう。標準偏差は、分散の平方根を取ったものです。分散は散らばりを表現した指標ですが、偏差を二乗したものの平均という性質上、数値の規模感がもとのデータよりかなり大きい値になりがちです。

　先ほどの例で言えば、データA・Bのそれぞれの平均値が4,759円、4,980円だったのに対し、分散はそれぞれ3,817,900、927,743と非常に大きな数値になっています。一方、標準偏差は、平方根を取ることによって規模感をもとのデータと同じレベルにしたものです。上記例では、データAでは1,954、データBでは963と計算されました。標準偏差の方が直感的に平均値に対してどれだけデータが散らばっているのかがイメージしやすいことがおわかりいただけると思います。

　また、詳細については割愛しますが、データが平均値を中心として左右対称な山なりの分布（正規分布）になっている時には、**平均から左右に1標準偏差の範囲に全体の約7割程度、2標準偏差の範囲に全体の96％程度のデータがある**ことが知られています。1σ（シグマ）、2σという単語が出てきた

際には、この1標準偏差・2標準偏差のことを指していますので、ぜひ覚えておいてください。標準偏差と平均を同時にみることで、データを代表値という「点」だけではなく、その周りにあるデータの散らばりという「幅」の情報とあわせて理解をすることができます。

　ここまで、平均をはじめとする代表値と、散布度に関する統計量である分散と標準偏差についてみてきました。これらを確認することで、私たちは代表値の周りにどのくらいデータが散らばって分布しているのかを知ることができます。**平均だけをもとにデータの性質を判断するよりも、散布度をあわせて判断した方が、データの姿をより正確に捉えられる**、ということが理解できたかと思います。もちろん、分散が高いという状態にも様々ありえます。データ全体が代表値からまんべんなく離れて分布しているケースや、多くのデータは代表値に近い値を取っているけれども非常に大きい外れ値が含まれているケースなど様々です。実際のデータ確認のステップでは、ここまでにみてきた統計量だけではなく、次章以降で触れていく可視化と組み合わせてデータの分布そのものをしっかり確認することが効果的です。

Point 7　前処理が必要な項目

　ここからは、先にみていた統計量の値を歪める要因にもなりうる、データに含まれるノイズについて解説していきます。先ほど、3つの代表値の特徴的な違いとして外れ値による影響の大きさについて言及しました。外れ値はデータに含まれる代表的なノイズの1つで、そのままにすると代表値をデータの全体的な傾向から大きくずらしてしまったり、機械学習や統計モデルの推定の精度を悪くしてしまったりします。

　外れ値以外にも、実務で扱う「汚い」データには、この前処理段階で確認して必要な対処を講じておくべきノイズがあります。ここでは、データに含まれるノイズの代表的なものである外れ値・異常値・欠損値について理解を深めてもらいたいと思います。

①外れ値

　はじめに、**外れ値**について詳細にみていきましょう。例えば、日本人の消費傾向を知るために年収や日々の消費活動に関するデータを集めたところ、非常に年収が高額な人の回答がいくつか得られることがあります。このように**その他のデータに比べて大きく外れた値のことを外れ値**と呼びます。該当する人々は、他の一般的な人とは大きく異なった収入の構造や消費活動をしている可能性があり、全体の平均的な傾向を把握・予測したい分析においてはノイズになりかねません。

　極端に大きい、あるいは小さい値がデータに混ざっていることが、分析の結果にどのような影響を及ぼすか考えてみます。外れ値の混入は、平均などの統計量に影響を及ぼします。年収が極端に大きい人がデータに混ざると平均年収として計算される値は上振れし、本来みたい値に比べて大きな値とし

第4章｜データの収集・加工・探索　087

図表4-17 外れ値のあるデータの例

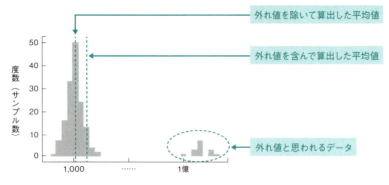

出所：筆者作成のダミーデータをもとに集計・作図

て算出されます（図表4－17）。データの分布の代表的な点を示すはずの平均値が、データのおおまかな傾向を示せなくなってしまうことがあるのです。こういった外れ値の存在は、その後に実施する統計的な分析や機械学習の結果にも影響を与えることがあるため、分析の前に適切に処理を施す必要があります。

　これよりも大きい/小さい値を外れ値とする、という外れ値を判定するための閾値は、分析の目的に応じてどこに設定するのか検討する必要があります。外れ値は、データの大半とは大きく離れた値を取ってはいるものの、その値自体は真の値であり誤ったものではありません。先の例における年収が非常に高い人は、確かに他の人よりも段違いで収入が高くおかしなデータに見えますが、実際その人がその高額な年収を得ていることは事実なはずです。**問題は、他の大多数に比べてそれがあまりに「特殊すぎる」という点な**のです。

　つまり、**データ分析者は外れ値の閾値を決めることによって、どこまでを例外的な「特殊なケース」とするのかを決める**ことになります。年収10億円の人は億万長者で例外的な人としていいかもしれませんが、年収5,000万円や2,000万円の人ではどうでしょう。この場合、ケースバイケースだと考

えられますし、おそらく簡単には判断できないと考える人が多いのではないでしょうか。外れ値を除外する際には、どうしてその値を閾値として外れ値判定をしたのかの根拠・理由づけが必要です。

　代表的な外れ値の見つけ方として、次のような方法論がありますが、実際のビジネスシーンではこれらの方法論よりも、外れ値と考えられるデータを個別に確認し、関係者間でビジネス視点で、確かに今回の分析目的からは外すべき特殊なデータであろうということを認識合わせすることが最も重要と言えます。

- 箱ひげ図による判定
- 任意の分位点に基づく判定
- スミルノフ・グラブス検定
- カイ二乗検定
- クラスタ分析

　外れ値をデータから除く処理をおこなった際には、除外したことでデータにどのような変化が起こったのかを確認する必要があります。除外前の結果と除外後の結果にどの程度の差が出たのか平均値をはじめとした統計量の変化もあわせて確認することで、実施した処理が意図しない結果を生んでいないかを確認しましょう。

　なお、外れ値には、全体の傾向とは大きく離れた値を取ってはいるものの、その値自体は真の値であり誤ったものではないものだけが含まれます。例えば、計測機器の異常などで非常に大きな値が誤って記録されてしまったようなケースは外れ値に含まれません。その場合、計測機器が壊れていただけで、正しい機器で測れば真の値を得ることができるからです。では、次に、上記のような誤った値が記録されてしまった状態である異常値というノイズについて見ていきましょう。

②異常値

異常値とは、全体の傾向とは大きくかけ離れており、かつその値が「真の

第4章｜データの収集・加工・探索　089

値ではない」と考えられるものです。例えば、測定に使用した体重計が壊れてしまっており、本当は体重が50kgの人が500kgだと記録されてしまったようなケースを考えます。500kgは他の多くの人の体重と大きく離れており、かつ人間の体重としては重すぎて現実的ではない値のため、異常値であると判断できます。

あるデータが取ることができる値の範囲のことを、そのデータの定義域と言います。明らかに異常だとわかるのは、この定義域を超えた値が記録されたケースに限られます。ここからはまず、明らかに異常値と判明できるケースを例に、異常値とはどのようなものなのかを見ていきましょう。

例えば、Aさん・Bさん・Cさんの3人の体重を測ったところ、1人の値が計測器のエラーで異常値となってしまったとします。3人の本当の体重と、測定結果の体重（以下、実測値）は図表4－18のようなものでした。

Aさん・Bさんについては本当の値と一致する実測値が得られていますが、Cさんについては本当の値とかなりずれた実測値が記録されてしまっています。取得したままのデータでは、この3人の平均体重を計算すると約200kgになります。これは、3人とも本当の値を取得できていた場合に計算される平均体重である48.3kgと大きくずれており、このままではその後の分析結果も大きく歪んだものになってしまいます。実際、上記の通り平均値も異常な値を示しています。

では、こういった異常値にはどのように対応すればよいのでしょうか。異常値は、①実測値が本当の値と一致していないということがわかるか、②再

図表4－18 **3人の真の体重と記録された値**

	Aさん	Bさん	Cさん	平均体重
真の値	40kg	55kg	50kg	48.3kg
実測値	40kg	55kg	500kg	198.3kg

出所：筆者作成のダミーデータをもとに集計・作図

図表4-19　異常値の対応アプローチ

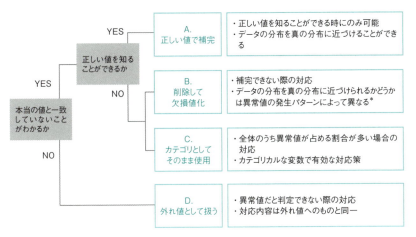

*ここでいう異常値の発生パターンは、後述する欠損値の発生パターンと同様のものと思っていただいて問題ありません
出所：筆者作成

　計測などの方法で正しい値を取得することが可能かどうかによって対応が変わってきます。図表4-19を参考に異常値の対応方法を考えてみましょう。
　まず1つ目の分岐では、手元に得られている実測値が「本当の値と一致していないことがわかるか」どうかを考えます。データの値が変数の定義域を超えて記録されている場合は異常値と判定でき、YESに進むことになります。一方、定義域内に収まっている場合は外れ値と区別がつかないため、外れ値の1つとして扱い、外れ値としての対応を進めていくというDが対応策です。
　本当の値と一致していないことがわかった場合、さらに対応は「正しい値を知ることができるか」によって分岐します。正しい値を知ることができる場合は、異常値を修正できるAの「正しい値で補完」が対応策です。この対応は、実施可能であれば最も望ましい対応です。正しい値で補完することにより、異常値によって歪んでいたデータ分布を正しいものに近づけられます。図表4-18にみた体重が誤って記録されてしまっている例は、本当の

第4章｜データの収集・加工・探索　091

値と一致していないことがわかっていて、かつ再計測を実施することで正しい値を知ることができるので、このAの「正しい値で補完」が対応策です。

　本当の値がわからないが、真の値と一致していないことがわかるケースもあります。BおよびCはそういったケースへの主な対応内容です。例えば、再調査が難しい匿名のアンケート調査で回答選択肢以外の番号が回答されたような場合を考えてみましょう。この場合、回答された選択肢がアンケート設計時に設定された定義域を超えるので、本当の値ではないということはわかります。しかし、再調査が難しく、本当の値を改めて手に入れることができません。そのため、Bの「削除して欠損値化」などが対応策として考えられます。

　また、同一の異常値が多く得られた場合では、それらの異常値自体にカテゴリを与えて分析に使用するCの対応策も考えられます。ただ、そのように作成されたカテゴリに入るデータは、異常値が記録されていたという共通性のみでまとめられたもので、その本質的な意味を解釈することは困難な場合があるので扱いには注意が必要です（図表4－20）。

　ここから、いくつか異常値の例を見ながらどういった対応内容が必要かを考えてみましょう。

　まず、システムのエラーによってあるユーザーのアクセス日時を記録したはずのデータが「asdfA!sfprao2」とランダムな文字列になってしまったケースを考えてみます。まず、これが本当の値と一致しているかどうかを考えます。本来記録されるはずの日付形式（2023-06-01 09:00:00といった形式）以外、つまり定義域外の値が入ってしまっていて、本当の値とは一致していないと考えられます。

　では、健康診断の結果データである人の体重として500kgという値が記録されていた場合ではどうでしょうか。先ほどはこの値を、人間の体重としては重すぎて現実的ではない値のため異常値であると判断できると述べましたが、調べてみると実は絶対に取り得ない値とは言い切れないということがわかります（最も体重の重い男性として世界記録に認定された男性の体重は500kg以上あったそうです）。

　このような体重はもちろん極めて稀有な例ではありますが、こういった実

図表4-20　データ補完の対応方法例

対応方法	詳細	例
正しい値で補完	●正しい値を知ることができる時にのみ可能 ●データの分布を真の分布に近づけることができる	●計測機器の異常で正しく記録できなかった値を別の計測機器を使用して再計測した値で補完 ●OCRによって紙媒体からデジタル化した数値が誤っていたので原本を参照して補完
削除して欠損値化	●補完ができない際の対応 ●データの分布を真の分布に近づけられるかどうかは異常値の発生パターンによって異なる	●システムで記録された日付が、原因不明のエラーで解読不能なランダムな文字列となっていたので削除 ●再調査が難しい匿名のアンケート調査にて解答選択肢外の番号が回答されてしまっていたので削除
そのまま1カテゴリとして使用	●全体のうち異常値が占める割合が多い場合の対応 ●カテゴリカルな変数で有効な対応策	●匿名のアンケート調査にて解答選択肢外の番号が全体の20%ほどを占めていたため「異常値」というカテゴリを割り当てた

出所：筆者作成

例がある以上、人間の体重が500kgを超えることはない、と確定的に定義域を述べることはできません。つまり、この500kgという値は、人間の大衆的な傾向とは大きく異なっているものの、定義域外の異常値である、とは言い切れないものだと考えられます。

　ではこういった、異常値なのか外れ値なのかの判断がつきにくい場合にはどうするべきでしょうか。繰り返しますが、異常値は全体の傾向とは大きく離れており、かつその値が「真の値ではない」と考えられるものでした。つまり、手元に得られている値は果たして正しい値なのかを確認することが、異常値と外れ値を区別することにつながります。先の体重の例で言えば、実際に500kgもの体重の方を調査したとすれば調査担当者の印象に強く残っているはずですから、担当者に「体重が500kgに近そうな大柄な方は調査

対象の中にいましたか？」と聞くだけでも、500kgという値が正しい値なのか検証できるはずです。

　もちろんデータの種類や取得方法、調査形態、調査対象などによって、その値が正しい値なのか事後的に調べる方法や容易さは変わってきます。この例でも、オフラインで実施した対面調査で担当者が測定結果を記録したのであれば担当者への問い合わせが有効ですが、調査形態が自己申告のWebアンケートだった場合にはそうはいきません。

　また、理論的には再調査が可能であったとしても、多大な再調査コストがかかる場合にはやはり再調査を断念せざるを得ません。異常値の修正においては、データが得られた過程を踏まえて再調査による正しい値の取得が可能かを検討し、もし可能なのであればさらに再調査コストを考慮に入れた上で最終的な判断をすることになります。

③欠損値

　欠損値とは、観測できなかった、あるいは調査時点で観察対象が存在していなかったなどの理由から、データが記録されずに抜け落ちてしまっているデータです。歯抜けのままでは分析をおこなえないため、何らかの対応が必要になります。欠損値に対する主な対応は、①値を補完する、②レコードを削除する、のどちらかになることが多いと言えます。データの観察を通してデータの分布や特性を考察しながら欠損値の処理をおこなっていく作業は前処理工程における重要な作業の1つです。欠損値は、欠損がどのようなメカニズムで発生しているのかという観点からも整理できます。実は、欠損値の前処理をおこなう時には、この欠損値の発生メカニズムを考えることが非常に重要です。

　データが欠落したメカニズムによって、欠損値への対処方法は異なります。図表4−21の例を参照しながら、「欠損値をレコードごと削除する」という処理をおこなった際にデータにどのような影響が出るのかを考えてみたいと思います。

　欠損が完全にランダムに発生していると考えられるMissing Completely At Random（以下MCAR）であると考えられる場合、欠損を含む行をレ

図表4-21　欠損値の種類とその具体例

欠損のメカニズム	内容	例
Missing Completely At Random	欠損が完全にランダムに発生している	計測機器が古くなっており、100回に1回程度の確率でデータが記録できず欠損する
Missing At Random	欠損が手元に得られているデータと関連して発生している	アンケート調査実施の際、30～40歳はプライバシーの意識が強いのか、回答してくれないことが多く欠損しがちである
Missing Not At Random	欠損が欠損している変数そのものの値と関連して発生している	体重計の故障により、特定の体重以上の時に値が欠損する

出所：筆者作成

コードごと削除してしまっても分析の結果に偏りは生まれません。図表4-22は、経年劣化により各変数にランダムに欠損が発生するようになった計測器で測定されたデータをプロットしたものです。

　図中にグレーで示されているヒストグラムは欠損していない正常なデータであり、その上に積み重なっている緑のヒストグラムが欠損しているデータです。本来であれば、記録できなかったデータは手元に残らないので、我々が得られるデータはグレーのデータだけです。ここではランダム欠損のイメージを理解していただくため、本来であれば記録できずに失われてしまう緑のデータについても値を知ることができたものとしてヒストグラムを描いています。

　この機械は、だいたい10回に1回の割合でデータが記録できず欠損することが経験的にわかっています。そして、欠損するかしないかという確率は常に一定です。そのため、特定の数値の際に欠損しやすいということはあり

図表4-22 完全にランダムに欠損が発生している際のデータ分布例

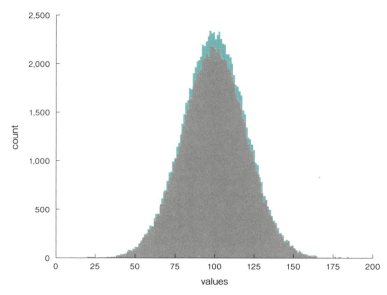

出所：アクセンチュア作成のダミーデータをもとに集計・作図

ません。図表4－22のように、データの件数自体が多いデータ範囲ではそれに応じて欠損値も多く、件数が少ない範囲では欠損値も少なくなっていることがわかります。このように、ランダムに欠損が発生している場合は、欠損値をそのデータごと削除しても、件数がまんべんなく減るだけでデータの偏り（分布の形の変化）は起こりません。実際、欠損値を含む全データと欠損値を除いたデータそれぞれについて統計量を計算すると、図表4－23のようになります。

欠損値を削除したのでデータの件数は10%減っていますが、その他の統計に大きな変化はみられません。このように、欠損値を含むデータの削除によってデータ全体の分布が歪む心配をほとんどしなくてよいため、完全にランダムに発生している欠損値であれば該当データを削除するというシンプルな対応を取ることができます。

| 図表4-23 | 欠損値を含む全データと欠損値を除いたデータの統計量 | |

	欠損値を含む全データ	欠損値を除いたデータ
データの件数	100,000	90,000
平均	99.98	100.00
標準偏差	20.08	20.08
中央値	99.91	99.94
最小値	14.95	14.95
最大値	186.31	186.31

出所：アクセンチュア作成のダミーデータをもとに集計・作図

　一方で、欠損が手元にある変数と関連している Missing At Random（以下MAR）では、欠損値をそのまま削除してしまうとデータに偏りが生じてしまいます。

　図表4-24の例では年齢と欠損の間に関連がみられ、年齢層によって欠損する割合が変わっています。すべての年齢層で欠損値は発生していますが、30～40歳のあたりで特に多く、他の年齢に比べて欠損している割合が約2倍ほどになっています。

　こういったデータに対して、単純にレコードを削除するとどうなるでしょうか。欠損値を削除する前と削除した後のそれぞれのデータについて、年齢ごとの構成比を確認してみましょう（図表4-25）。元々のデータでは30～40歳が全体に占める割合が17.8％だったのに対して、削除後のデータでは16.7％と構成比が1.1％低下しています。つまり、欠損値の削除処理によって、元々のデータが持っていた年齢構成に関する特徴が歪められてしまいました。今回の例では1.1％は小さな違いのように感じるかもしれませんが、データによっては大きく傾向が変わる可能性もあります。

第4章｜データの収集・加工・探索　097

図表4-24	年齢層別の欠損値数・欠損データ比率				

年齢層	全データ数	構成比	欠損値データ数	欠損データ比率
0〜10	474	5.4%	41	8.6%
10〜20	914	10.5%	81	8.8%
20〜30	1,449	16.6%	129	8.9%
30〜40	1,558	17.8%	244	15.7%
40〜50	1,899	21.7%	173	9.1%
50〜60	983	11.3%	85	8.6%
60〜70	971	11.1%	84	8.6%
70以上	484	5.5%	39	8.0%

出所：アクセンチュア作成のダミーデータをもとに集計・作図

　このように、MCARでない欠損メカニズムの際には、欠損値の処理を誤るとデータ本来の分布を歪めてしまいかねません。しかもやっかいなことに、実際のビジネスシーンではどのようなメカニズムで欠損値が発生したのかわからないことがほとんどです。今回はデータを意図的に発生させているため欠損の発生メカニズムも明確でしたが、**実務では目の前のデータに欠損が起きた原因を、データそのものの深掘りやデータ管理部署・現場部門と連携しながら推測し、手探りで対処方法を考える他ありません。**欠損の原因やメカニズムを推測しながら、分析の目的などを踏まえて必要な処理方法を考える必要があるのです。

　さて、ここまで外れ値・異常値・欠損値という、データに含まれる代表的なノイズについてみてきました。これらのノイズの対処について一言でまとめると、適切な処理方法はデータによって多様である、ということです。データが持っている傾向や分析の目的などによって、外れ値の閾値をどこにするのか、外れ値を補完するべきかそれとも削除するべきか、望ましい処理

| 図表4-25 | 欠損値削除前後での年齢層別構成比の変化 |

年齢層	全データ数	構成比	欠損値削除後のデータ数	欠損値削除後の構成比
0～10	474	5.4%	433	5.5%
10～20	914	10.5%	833	10.6%
20～30	1,449	16.6%	1,320	16.8%
30～40	1,558	17.8%	1,314	16.7%
40～50	1,899	21.7%	1,726	22.0%
50～60	983	11.3%	898	11.4%
60～70	971	11.1%	887	11.3%
70以上	484	5.5%	445	5.7%

出所：アクセンチュア作成のダミーデータをもとに集計・作図

は変わってきます。適切な処理方法を考えるために先に説明した各種統計量やデータの可視化をフルに活用することを心がけてください。

Point 8 基本統計量のまとめ

　ここまで、様々な統計量と、それらを用いたデータの確認の際に注意が必要なノイズについて学習してきました。今一度、今回説明した統計量と、その他に参照されることがある基本統計量をまとめておきたいと思います（図

図表4−26　様々な基本統計量

名称	説明
平均値	平均の値。日常的によく使われる相加平均の他、相乗平均、調和平均など複数の種類がある
中央値	データを値の小さい順に並べた時、ちょうど中央にある値。データの件数が奇数か偶数かによって算出方法が異なる
最頻値	データの中に最も多く存在する値。最頻値の出現回数のことを頻度という統計量として集計することもある
最小値	データ中で最も小さい値
最大値	データ中で最も大きい値
範囲	最大値から最小値を引いた値。データが分布している範囲の幅を表した値
分散・標準偏差	平均値からの平均的なばらつきの大きさ。標準偏差は分散の正の平方根を取ったもの
四分位数	データを値の小さい順に並べた時、データ全体の25％、50％、75％の順番にあたる値。それぞれ第1四分位数、第2四分位数、第3四分位数と呼ぶ。特に第2四分位数は中央値とも呼ばれる

出所：筆者作成

表4 – 26)。

　データや分析目的によって、ここに挙げたもの以外の統計量を算出・確認することも珍しくありません。**データの確認という工程は「○○と△△を確認したからおしまい」というような単純作業ではありません。**ある統計量を確認してはデータの新たな一面に気がつき、その他の値を確認する道筋が見えてくるというような手探りの作業です。基礎集計・可視化と組み合わせることでより効果的なデータ理解が可能なことは言うまでもありません。次の章では、基本統計量を理解した上で、どのようにデータを集計・可視化するのかを確認していきましょう。

第4章のまとめ

☑ 分析仮説を立案した後は「データ収集・加工」から「データ探索」のステップでデータの有無やデータの特徴を把握することから始める

☑ データ収集・加工の段階では大きく以下の5つの観点に留意する
    ①データが分析の目的に合致しているか
    ②データの利用範囲は適切か
    ③データの背景や条件が明確になっているか
    ④データの量が十分にあるか
    ⑤データの質は十分か

☑ データ探索においては、まず代表値や散布度といった要約統計量を確認し、データ全体の特徴を把握するように心がける

☑ 代表値については平均値・中央値・最頻値を、散布度については特に分散・標準偏差の意味や使い方を理解する

☑ また、要約統計量は外れ値・異常値・欠損値といった特殊な値により傾向が大きく変わりやすく、上記の特殊な値の確認方法や対応方法を身につけることが正しいデータ理解をおこなう上で重要となる

第5章

データ分析の基礎

前章では、データ分析の入り口となる基本統計量を学んでもらいました。本章では、それらをより効果的・効率的に確認していくために、表やグラフの形でどのように集計・可視化していくのかについて簡単に触れていきたいと思います。第6章以降の統計モデリングや機械学習においても、得られた結果を解釈する際に集計・可視化が多用されます。読者の中には既に実践されている人もいる内容かもしれませんが、改めて自身でまだ実践できていないことがないかをチェックしてみてください。

クロス集計

　集計には単純集計とクロス集計があります。ここでは、とある携帯アプリに関するアンケートデータを使って集計の例を説明していこうと思います。このデータは、回答者の属性と、アプリの利用についての質問から成り立っています。今回は、アプリの利用者数を増やすための施策を考えることになったと考えてください。本節では集計のイメージを持っていただくことが目的であるため、課題の設定や仮説の立案の詳細は割愛します。次の設問と回答の割合を集計することを考えてみましょう。

　　Q：アプリはどのくらいの頻度で利用していますか？
　　　・ほぼ毎日
　　　・週に1〜2回程度
　　　・月に1〜2回程度
　　　・ほとんど利用していない

　図表5－1は、単純集計の結果を表しています。集計結果からは、「ほぼ毎日」利用しているという回答が41.0％と最も多くなっていることがわかります。利用頻度が下がるにつれて回答頻度が減っていることもわかりますが、未回答も6.2％存在していることも把握できます。しかし、単純集計のみでは、これ以上の深い考察をおこなえません。単に利用率のおおまかな傾向がわかるだけです。
　一方、図表5－2の集計結果では、アンケートの回答と年代を掛け合わせ

| 図表5-1 | アプリの利用率に関する単純集計の結果 |

全回答（N=2,042）	回答割合
ほぼ毎日	41.0%
週に1〜2回程度	31.1%
月に1〜2回程度	17.6%
ほとんど利用していない	4.1%
未回答	6.2%

出所：筆者作成のダミーデータをもとに集計・作図

た集計になっています。このような集計方法を**クロス集計**と呼びます。

　クロス集計をおこなうことで、単純集計では見えてこなかった傾向が読み取れるようになります。全体的な傾向としては全年齢合計での傾向と変わらないように見えますが、20〜24歳のユーザー層では「ほぼ毎日」利用しているユーザーが他の年代よりもやや多いように見受けられます。この層について深掘りすることで、アプリの高頻度利用層の理由を把握できる可能性も出てきました。単純集計よりも、クロス集計の方が具体的な解決策を考

| 図表5-2 | アプリの利用率に関するクロス集計の結果 |

全回答（N=2,042）	10代	20〜24歳	25〜29歳	30〜34歳	35〜39歳	40代	50代	60代以上
ほぼ毎日	1.7%	7.7%	6.4%	7.5%	7.2%	4.4%	5.3%	0.8%
週に1〜2回程度	1.8%	3.1%	5.5%	5.7%	6.3%	5.8%	2.2%	0.7%
月に1〜2回程度	1.5%	1.7%	1.9%	4.0%	4.3%	2.8%	1.0%	0.3%
ほとんど利用していない	0.4%	0.4%	0.5%	0.9%	0.7%	0.9%	0.4%	0.0%
未回答	0.5%	0.7%	0.8%	1.3%	1.1%	0.9%	0.9%	0.0%

出所：筆者作成のダミーデータをもとに集計・作図

第5章｜データ分析の基礎　105

えやすくなることを実感いただけるのではないでしょうか。

さらに、図表5－3のように、クロス集計を詳細化することもできます。ここでは、職業で分割してクロス集計をおこなっています。軸を3つ以上にする場合には、1つの表にまとめてしまうと構造が複雑化し、直感的に数字を比較できなくなってしまうため、複数のクロス集計を分割して比較することも多いです。

年代に加え、職業という情報が加わったことで、今回のアンケート回答の大部分を占める「会社員・公務員」と少数派である「学生」では大きく傾向が異なることがわかりました。「学生」の中でも特に20～24歳のユーザー

図表5－3　職業で分割したクロス集計の結果

会社員・公務員 （N=1,232）	10代	20～ 24歳	25～ 29歳	30～ 34歳	35～ 39歳	40代	50代	60代 以上
ほぼ毎日	0.6%	5.7%	6.8%	7.4%	8.0%	6.2%	5.4%	0.0%
週に1～2回程度	0.2%	2.4%	5.5%	7.6%	7.6%	5.5%	2.8%	0.0%
月に1～2回程度	0.1%	1.3%	2.8%	4.6%	5.0%	2.8%	1.4%	0.0%
ほとんど利用していない	0.0%	0.3%	0.6%	1.0%	0.6%	1.3%	0.2%	0.1%
未回答	0.1%	0.4%	1.0%	1.5%	1.0%	1.1%	1.1%	0.1%

学生 （N=228）	10代	20～ 24歳	25～ 29歳	30～ 34歳	35～ 39歳	40代	50代	60代 以上
ほぼ毎日	16.7%	30.5%	0.4%	0.0%	0.0%	0.0%	0.0%	0.0%
週に1～2回程度	18.0%	2.6%	4.4%	0.0%	0.0%	0.0%	0.0%	0.0%
月に1～2回程度	14.9%	0.0%	0.9%	0.0%	0.0%	0.0%	0.0%	0.0%
ほとんど利用していない	3.5%	0.2%	0.0%	0.0%	0.0%	0.0%	0.0%	0.0%
未回答	4.8%	1.3%	0.0%	0.1%	0.0%	0.0%	0.0%	0.0%

出所：筆者作成のダミーデータをもとに集計・作図

層では圧倒的に「ほぼ毎日」利用している層が多く、特に使われている機能や画面をアクセスログなどから分析し、学生向けのマーケティング施策を強化することでさらなるユーザー層の獲得も狙えるかもしれません。

ただし、クロス集計の分割を繰り返していくと、それぞれの条件に合致するデータ量が減少します。回答全体は2,042人であるのに対し、「学生」で絞り込んだクロス集計では回答件数が228件になっています。第4章の1節でもお伝えした通り、データの量が減るとデータ1件当たりが与える影響が大きくなります。そのため、クロス集計を分割しておこなう際には、データの件数の確認を忘れずにおこない、バランスを取りながら集計をおこなう必要があります。

本節では、単純集計とクロス集計のイメージを持っていただくために、集計結果を踏まえてより詳細なクロス集計をおこなっていく流れを見ていただきました。しかし、**何か知見が得られることを期待して、クロス集計の分割を闇雲におこなうことは、悪手である**と言えます。これまで述べてきた通り、あらかじめアウトプットイメージを明確にした上で、仮説に基づいて必要な集計をおこなうよう心がけてください。単純集計やクロス集計を実施する中で、新たな仮説が立てられることに気づいたら、明確に言語化した上で検証をおこなうようにしましょう。

分析結果の可視化（グラフの活用）

Point 2

　データ分析において、可視化は大きな役割を果たします。そもそも**可視化とは、人間が直接「見る」ことのできないもの（現象・事象・関係性）を「見る」ことのできるもの（画像・グラフ・図・表）にすること**を指します。可視化することで、データが持つ特徴を直感的に素早く理解でき、他者にわかりやすく伝えることができます。数値のデータを眺めているだけではわからない場合でも、可視化することでデータの持つ特徴や傾向が明確に理解できることがあるのです。

　例を1つ見てみましょう。図表5−4のデータは、アヤメの品種の分類データです。統計学や機械学習のサンプルとして使われることが多いので、見たことがある方も多いと思います。がく片の長さ、がく片の幅、花弁の長さ、

図表5−4　アヤメの品種の分類データ

がく片の長さ(cm)	がく片の幅(cm)	花弁の長さ(cm)	花弁の幅(cm)	種類
5.1	3.5	1.4	0.2	Iris-setosa
4.9	3	1.4	0.2	Iris-setosa
7	3.2	4.7	1.4	Iris-versicolor
6.4	3.2	4.5	1.5	Iris-versicolor
6.3	3.3	6	2.5	Iris-virginica
5.8	2.7	5.1	1.9	Iris-virginica
⋮	⋮	⋮	⋮	⋮

出所：https://archive.ics.uci.edu/dataset/53/iris をもとに筆者が集計・作図

図表5-5　花弁の長さと幅の散布図

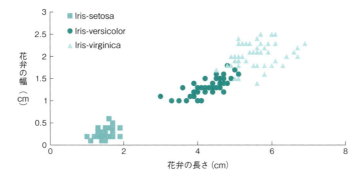

出所：https://archive.ics.uci.edu/dataset/53/irisをもとに筆者が集計・作図

花弁の幅と、アヤメの種類（Iris-setosa、Iris-versicolor、Iris-virginica）が格納されています。この表を一見しただけでは、アヤメの種類ごとの特徴をつかむことは難しいのではないかと思います。

そこで図表5-4を可視化したグラフが図表5-5です。横軸に花弁の長さ、縦軸に花弁の幅を取った散布図に、アヤメの品種で色を分けています。可視化してみると、アヤメの品種と花弁の長さ・幅の関係性が一目瞭然になります。このように、可視化することで、数値を眺めているだけでは気づかなかったデータの特徴・性質に気づくことができます。

近年、ビジネスシーンでは改めてデータの可視化を応用した**ダッシュボード**が注目を集めています。**ダッシュボードとは、複数の情報を1つの画面にまとめ、一目でデータを把握できるようにしたもの**です。目標に対する進捗状況をはじめ、店舗別の売上状況や顧客満足度などの数値の変化をリアルタイムで追うこともできます。ダッシュボードを活用することで、データに基づいた素早い現状把握や意思決定をおこなえるようになります。

ダッシュボードの例を図表5-6に示しました。ダッシュボードで大量のデータを集計・可視化すると、生のデータを見ているよりもクイックに状況や推移を把握できます。データの活用が進んでいる企業の中には、各部署で

第5章｜データ分析の基礎　109

ダッシュボードを構築し、部署内のメンバー全員が見られる状態にしているところもあります。メンバー全員が同じダッシュボードを見ることで、メンバー1人ひとりが現状を正しく把握できるようになり、メンバー間での情報共有もスムーズになります。

　また、可視化によってデータの特徴を把握する中で、データにおかしな値（異常値・外れ値と言います）が含まれていることに気づいたり、データ間の相関関係に気づいたりすることがあります。さらに、仮説の検証をおこなう中で、可視化したデータから新たな気づきや仮説が得られることもあります。仮説の検証をおこなう中で、当初の仮説が妥当ではない際にも、検証に使った図やグラフを見る中で、想定していなかった仮説を思いつくこともあるでしょう。また、そもそも分析の前にはよい仮説が思いつかないケースもあるかもしれません。その際、可視化されたデータを見る中で仮説が思いつくこともあります。

図表5-6　ダッシュボードの例

出所：筆者作成のダミーデータをもとに集計・作図

このように、データを可視化することで得られる知見は、データ分析全体の様々なプロセスで有効に働きます。可視化自体は難しいものではなく、既に業務の中でおこなっている方もいらっしゃるかもしれませんが、改めてその有効性をご認識いただければと思います。

データ分析の基礎となる
グラフ「散布図」

　前節では、データ分析における可視化の重要性について説明しました。次に、グラフの話を進めましょう。データ分析の基礎となるのは、棒グラフ・折れ線グラフ・円グラフ・散布図・ヒストグラムです。

　この中でも、棒グラフ・折れ線グラフ・円グラフについては既に慣れ親しんでいるものと思いますので、ここでは**散布図**と**ヒストグラム**だけポイントに触れていきます。

　散布図とは、2つの数値データを座標平面上にプロットし、各データの分布状況やデータ間の関係性を視覚的に表現するグラフです。散布図の使い道としては以下のようなケースが挙げられます。

- データの分布状況やデータ間の関係性（相関関係）を把握する
- 傾向の異なるデータがないかを把握する

　図表5-7に散布図の例を示します。横軸が気温、縦軸がアイスの売上の個数であり、ある日の気温と売上個数を1つの点が表しています。気温が高い日ほど、アイスの売上個数も多くなっていることがわかります。このように、2つの数値が同時に増加する傾向がある関係性のことを「**正の相関**」と表現します。反対に、一方の数値が増加した際に、もう一方の数値が減少する関係を「**負の相関**」と表現します。散布図により、相関関係の有無や正負を確認できます。

　また、図表5-7の左上の点に注目してください。この点は $(X、Y) = (6、30)$ にプロットされています。つまり、気温が6℃と低かったにもかかわらず、アイスの売上個数が30個だったことを示しており、他のデータと

図表5−7　散布図の例

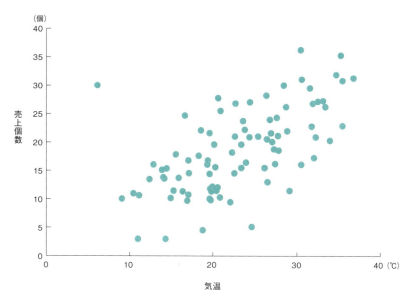

出所：筆者作成のダミーデータをもとに集計・作図

傾向が違うように見受けられます。他のデータと傾向やパターンの異なるデータが含まれることは分析においてよくありますが、このようなデータが含まれる場合、データが正しく取得できていない可能性や、特別なイベントによって売上個数が多くなった可能性が考えられます（前述した外れ値・異常値に該当します）。数値のデータを眺めているだけではなかなか気づきませんが、散布図にすることで傾向の異なるデータが一目瞭然です。

ここであわせて、相関分析についても理解を深めましょう。前述の通り、散布図を確認することで、連続変数同士の関係性を可視化し確認できました。データ分析においては、2つの変数が関連を持って変動している時、その2つの変数間に相関関係があると言います。

図表5−8はある小売店の売上を日時で記録したもので、横軸には記録された日の気温、縦軸にその日の売上が割り当てられています。見てみると、

図表5-8　散布図でのデータ可視化と相関関係の例

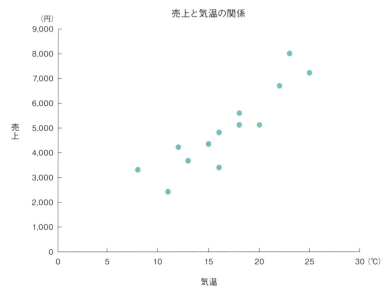

出所：筆者作成のダミーデータをもとに集計・作図

　気温が高い日（グラフの右の方の点）ほど売上が高い（上の方に点が打たれている）ことが多いようです。その一方で、気温が低いけれども売上は高い日（グラフの左上の点）や、気温が高いけれども売上が低い日（グラフの右下の点）はほとんどみられません。図表5-9に、先述した相関の種類をまとめました。正負どちらの関係性も確認できない場合には相関がない（無相関）と判断します。

　このように散布図を描くことで、二変数の間の関係を可視化して確認できました。すべてのデータを点としてプロットするので、最も精細な形で関係性を確認できる散布図はとても便利ですが、一方で定量的な表現には向いていません。例えば、図表5-10に示した3つの散布図を見てください。

　どれも正の相関関係がある散布図になっていますが、これらをもとにどの散布図が「最も二変数間の関係が強い」と結論づければいいでしょうか？

図表5-9　相関の種類

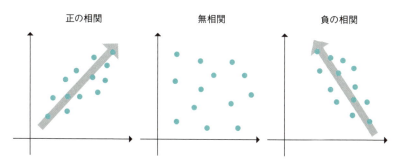

出所：筆者作成

散布図を見ているだけでは、定性的な議論になってしまうため人によって結論が異なってしまいます。相関関係を定量的に評価するための指標として相関係数が存在します。

相関係数は、2つの変数間にある直線的な比例関係の強さを表現する指標です。-1.0から1.0までの値を取り、相関がない際には0を取ります。1.0

図表5-10　正の相関関係がある3つのグラフ

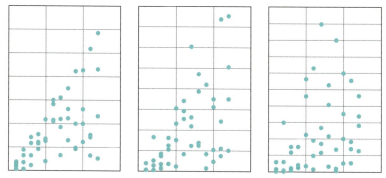

出所：筆者作成のダミーデータをもとに集計・作図

に近づくほど強い正の相関関係が、-1.0に近づくほど強い負の相関関係があると考えます。具体的に先ほどの3つのグラフについて相関係数を確認しながら、散布図がどのように異なっているのかを確認してみましょう。

- ●左の散布図　　：相関係数0.60
- ●真ん中の散布図：相関係数0.52
- ●右の散布図　　：相関係数0.36

　左の散布図から、相関係数の絶対値が大きいと各点が斜めのライン上に多くプロットされることがわかります。相関係数が小さい右の散布図の場合には、データは比較的斜めのライン上に偏ることなく散らばっています。相関係数はこのような、直線的な相関関係の強さを数理的に表現したものであると言えます。私たちは相関係数を確認することで、変数間の直線的な相関関係の強さを把握できます。

　相関係数は二変数間の関係性を表現するものですが、ビジネスシーンで扱うデータはもっと多くの項目を持っていることがほとんどです。そういった場合には、相関行列と呼ばれる、各変数間の相関係数を総当たりで計算した表を作って相関係数を確認することが多くあります。また、同時に総当たりの組み合わせの散布図を作成して、各変数間の関係を直接確認することもあります（図表5-11）。

　相関係数を見る際の注意点として、相関係数の値が高いからといって2つの変数間に直線的な関係があるとは言い切れないという点があります。先ほども述べたように相関係数は二変数間の直線的な関係について表すために作られている指標のため、直線的でない関係性についてはうまく表現することができません。例えば、図表5-12の4つの散布図を見てみてください。

　これらの散布図で表現されている二変数はいずれも、高い相関係数を示します。つまり、相関係数の値からは「相関関係が高そう」という結論が導かれます。しかし、本当にこれらすべてに直線的な関連があると言ってよいの

図表5-11　相関行列と散布図による可視化の例

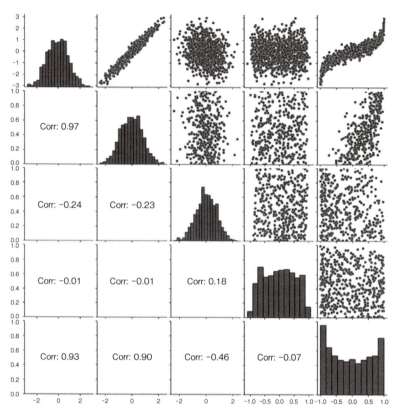

出所：筆者作成のダミーデータをもとに集計・作図

でしょうか。右上のように曲線的な関係があるように見えるものもありますし、右下のように明らかに相関関係がなさそうなものも見られます。こういった直線的でない関係は、相関係数だけに着目していると真実を見落としかねません。**相関関係を検討する時には相関係数はもちろん、直接散布図を確認すること**を徹底するようにしてください。

図表5-12　直線的ではない関係性の例

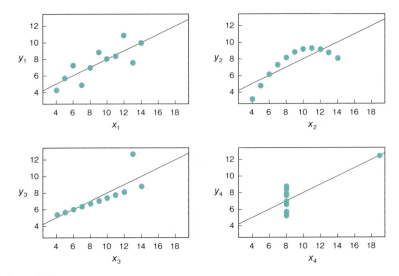

出所：アンスコムの例 - Wikipedia

データ分析の基礎となる グラフ「ヒストグラム」

ヒストグラムは、データの分布を視覚化するために使用されるグラフの一種です。データを区間に分け、各区間に含まれるデータ数を棒状のグラフで表現します。横軸にはデータの範囲が区間（階級）で表され、縦軸には各区間に含まれるデータの頻度（個数）が表されます。ヒストグラムの使い方としては以下が挙げられます。

- データの分布・傾向を把握する
- データの異常値・外れ値を発見する

散布図が2つの数値データ間の関係性や分布を把握する際に使われるのに対し、ヒストグラムは1つの数値データの分布を把握する際に使われます。

図表5－13にヒストグラムの例を示します。これは、100人の生徒が100点満点のテストを受けた際の点数の分布を表しています。ヒストグラムを見ると、51～60点と61～70点の頻度が高くなっており、この点数の範囲に含まれる人が多いことが読み取れます。また、全員の点数が31点から90点の範囲にまとまっており、0点未満や101点以上のような異常なデータが含まれていないことも確認できます。

ヒストグラムを使う際の注意事項は2点あります。

①階級（データ区間）の幅の設定

まず、階級（データ区間）の幅の設定に注意する必要があります。階級の幅の違いにより、ヒストグラムの見え方が変わります。図表5－13と図表5－14は同じデータをヒストグラムにしていますが、前者は階級の幅が10点、

図表5-13　ヒストグラムの例

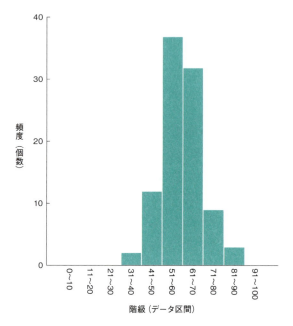

出所：筆者作成のダミーデータをもとに集計・作図

後者は階級の幅が5点になっています。

　階級の幅の設定の仕方に明確な基準はありません。可視化の目的や、データの範囲によって最適な階級の幅は異なります。例えば、分布の全体像を把握するためには、階級の幅を広く設定するとよいでしょう。一方、データの分布の細かい特徴を把握するためには、階級の幅を狭く設定する方が適しているかもしれません。

②**複数の山（多峰性）である場合の解釈**

　2つ目の注意事項は、ヒストグラムの分布の形が1つの山（単峰性）ではなく、複数の山（多峰性）である場合の解釈です。図表5-13のようなヒストグラムは**単峰性**、図表5-15のようなヒストグラムは**多峰性**と呼びます。

図表5-14　階級（データ区間）の幅を5に変えたヒストグラム

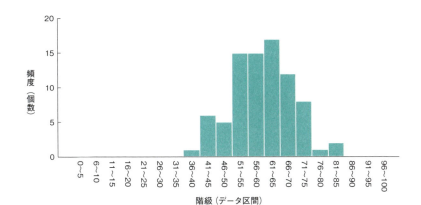

出所：筆者作成のダミーデータをもとに集計・作図

　多峰性のヒストグラムに遭遇した際には、データに分けるべき軸が潜んでいる可能性を疑います。テストの点数の例で言えば、生徒が所属するクラスの違い（理系クラス/文系クラス）や、特定のカリキュラムの受講有無などが該当する可能性があります。この場合、データを分けて集計するかどうかは、分析の目的によって異なります。

　例えば、学年全体の平均点を算出するのであれば、データを分けずに集計した方がよいですし、理系クラスと文系クラスの成績の差を見ることが目的であれば、データを分けて集計した方がよいでしょう。

　また、よくありがちなミスとして階級の幅が途中から変わってしまうというものがあります。サンプル数が多い範囲については10点単位で集計していたにもかかわらず、サンプル数が少ない範囲についてはまとめて20点単位で集計してしまったといったものです。これでは20点単位で集計されている範囲で分布の山があったとしても、本当にそういう傾向が見られるのか単純に階級の幅が変わって分布の山があるように見えているだけなのか区別できなくなってしまいます。そのため、棒グラフや円グラフで、サンプル数

図表5-15　多峰性のヒストグラムの例

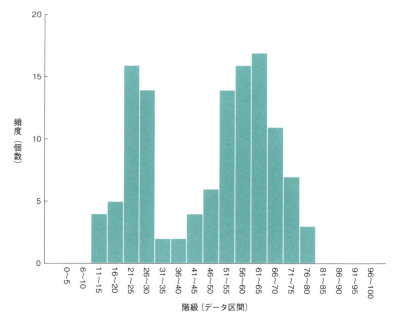

出所：筆者作成のダミーデータをもとに集計・作図

が少ないものをその他としてまとめてしまうのと同じ感性でサンプル数が少ない範囲をまとめあげるのは、ヒストグラムでは避けるべきです。

　いずれにしても、**階級の幅自体はビジネスケースと照らし合わせて、他者が理解しやすい・納得できる区切りで設定するのが最もよいでしょう。**

　本章では、クロス集計とグラフによる可視化を軸に基本統計量として理解したデータをどのように把握しやすくするかの方法論を学びました。これらは次章以降で触れていく統計解析においても重要な役割を占めており、これらをもとにした基礎分析やデータのアセスメントを確実に実施しなければ間違った分析結果を生み出しかねません。改めて、本章の内容を確実にご理解いただいた上で次章に進むことをおすすめします。

第5章のまとめ

- ☑ 「要約統計量の把握」から、さらにデータの理解を深めるためには「クロス集計」や「相関分析」を用いてデータの可視化をおこなう

- ☑ クロス集計は複数の軸の掛け合わせでデータを集計する方法で、単軸で集計された際には見つからなかった新たな発見を得られる可能性がある

- ☑ 一方で、軸を掛け合わせすぎるとわかりやすい表現が難しく、1つの区分あたりのサンプル数が極端に少なくなり結果の妥当性が損なわれるため、2〜3軸程度でのクロス集計とするのが望ましい

- ☑ 散布図などを用いる際には2つのデータ間の関係性の強弱を定量化できる相関分析を用いることも有効である

- ☑ 相関関係には、「正の相関」と「負の相関」があり、それぞれ相関係数が0.7以上/-0.7以下であれば「強い相関」、0.4〜0.7/-0.7〜-0.4であれば「弱い相関」と定義される

第5章｜データ分析の基礎　123

第6章

統計解析・機械学習の基礎①
クラスタ分析

これまで課題定義・仮説立案といった分析すべき発射台の定義や、データ分析を進めるためのデータ集計・加工・探索といった下準備について学んできました。ここからはいよいよデータを統計的に解析していくための知識やノウハウを学んでいただきたいと思います。一口に統計解析と言っても様々な手法が存在します。どのような種類の分析があり、どういったユースケースで用いるのか、それら代表的な手法はどのように成り立っているのかを具体的に学んでいきましょう。

統計解析・機械学習には どのような手法があるのか？

　まず個々の分析手法の中身を詳しく学ぶ前に、統計解析にどのような手法があるのかを確認していきましょう。統計学や機械学習の観点から、学術的な整理をすることも可能ですがそれは本書の目的と外れるため、統計の専門書に任せるとします。本書では、あくまでビジネスシーンにおけるデータ活用の目的に沿って、分析手法を分類してみます。
　ビジネスシーンにおけるデータ活用は大きくは3つの階層で分類するのが

図表6-1　ビジネス目線での分析手法の分類

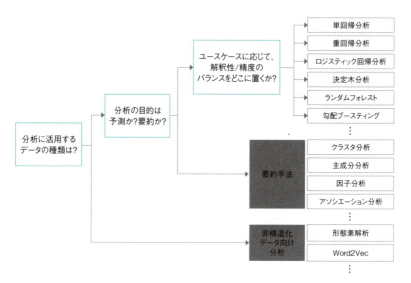

出所：筆者作成

よいでしょう（図表6 - 1）。

①用いるデータの種類

まず、第一階層としては、**用いるデータの種類**です。一般的なリレーショナルデータベースや表形式で表せるような数値データを**構造化データ**と呼び、一方でテキストや画像などテーブルデータではないものを**非構造化データ**と呼びます。構造化データを用いた分析なのか、非構造化データを用いた分析なのかによって活用する分析手法は大きく変わってきます。ビジネスにおいてはこの利用するデータの種類が最初の分類ポイントと言えます。

本章では、主に構造化データを用いた手法について解説をおこない、後者については第10章で触れていきます。当然、複雑な現実の事象においては両者を組み合わせて価値を創出することが重要ですが、学習の上ではそれぞれを順に学んでいくことを意識してください。

②分析の目的

2つ目の階層は、**分析の目的**です。多くのビジネスシーンで、データ活用の目的は2つのパターンに集約されます。1つ目は**過去または現在起きていることの傾向をしっかりデータドリブンで把握する「要約」**のためです。特に正解を必要とせず、データの特徴をもとにグルーピングや情報集約をおこなうため、**「教師なし学習」**（Unsupervised Learning）と呼ばれることもあります。これにはクラスタ分析、主成分分析、因子分析といった手法が該当しますが、本書では特にビジネスシーンでの活用頻度が高いクラスタ分析について詳細を後述していきます。

もう1つのパターンは**データを用いて過去の傾向を定式化・ルール化した上で、将来どうなるかをデータドリブンで「予測」**するためです。売上、購入有無などの正解データを用意しそれを説明するための式・ルールを構築していくことから、**「教師あり学習」**（Supervised Learning）とも呼ばれます。この予測がビジネスシーンにおけるデータ活用の王道と言えます。予測については、この後の3つ目の階層でさらに分類を深めます。

③解釈性と精度のバランス

　3つ目の階層は、**線形/非線形**です。ここで急に専門用語が出てきて、ビジネス的に分類するのではなかったのか、と感じる方もいらっしゃるかもしれませんが、これはビジネス的に読み替えると、**解釈性と精度のバランス**と言うことができます。ビジネスシーンで多く用いる予測の分析手法としては、重回帰分析、ロジスティック回帰分析、決定木分析、勾配ブースティングなどの手法が挙げられますが、前者2つは古典的な統計解析手法である線形モデル、後者2つは機械学習手法である非線形モデルとして取り上げられがちです。

　一概に言えるものではないものの、分析モデルは解釈性と精度がバーターの関係となることが多く、前者がより解釈性を重視した分析手法であるのに対し、後者はより精度を重視した分析手法であると言えます。ビジネス現場では、ユースケース次第でより解釈性が高く求められることもあれば、とにかく精度が高ければ解釈性は求めないといったケースもあります。それらのシーンに合わせて、分析手法を選ぶことが重要です。これが第3の階層の本質というわけです。

　本書では、要約モデルの代表として「クラスタ分析」を、予測モデルの代表として重回帰分析、ロジスティック回帰分析、決定木分析、アンサンブル学習（勾配ブースティング等）をそれらの特徴や使い分けも含めて重点的に解説していこうと思います。

要約モデルの代表「クラスタ分析」

　それでは、早速、要約モデルの代表であるクラスタ分析について学んでいきましょう。**クラスタ分析（クラスタリング）とは、異なる性質を持つデータが混ざり合った集団から、互いに似た特徴を持つデータを集め、クラスタ（グループ）を作る方法**です（図表6 − 2）。

　クラスタ分析は、ビジネスにおいて様々な用途で利用されています。例えば、マーケティング分析において、商品の購入者やサービスの利用者をクラスタリングすることで、それぞれのクラスタにおける特性や嗜好を把握できます。これにより、自社としてターゲティングしたい市場・顧客層やその層に向けたアプローチ方法を最適化することができます。

　また、小売業界で言えば上記のような顧客のクラスタリングだけでなく、

図表6−2　クラスタ分析のイメージ

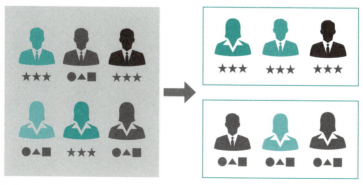

出所：筆者作成

店舗をクラスタリングして、品揃えを最適化するなどの活用も進んでおり、クラスタリングの対象となるのは必ずしも人だけではありません。

　前述の通り、クラスタ分析では類似度が高いデータ同士をまとめます。類似度は個々のデータやクラスタ間がどれだけ似た特徴を持っているかを表す指標です。一般的に、類似度を測る際にはデータ間の距離を採用する場合が多く、距離が近ければ近いほど類似性が高いとみなし、類似度が高いものをまとめてクラスタとして定義します。

　では、データ間の距離はどのように測るのでしょうか。クラスタリングの仕組みの説明の前に、データ間の距離の測り方について確認していきましょう。

Point 3 データ間の距離の測り方

　図表6-3はある2データをグラフ上にマッピングしたものです。原点であるOからそれぞれの地点A・Bはどちらの方が近いと言えるでしょうか。

　図表6-4の左図のように地点同士を直線距離で測る考え方もあれば、右図のように区画に沿って距離を測る考え方もあります。前者であればB地点の方が近いように見えますが、後者であれば、地点A・Bは地点Oから同じ距離という結論になりそうです。

　つまり同じデータについて距離を考える場合でも、**距離の定義・計算方法によって結論は異なります**。距離・類似度を測る指標としては、次ページのグレー部分のように様々な考え方が存在します。これらは分析の目的などに応じて適切な指標を選択し、利用します。

図表6-3　2点間の距離を考えるに当たっての前提

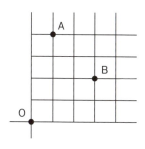

出所：筆者作成

第6章｜統計解析・機械学習の基礎① クラスタ分析　131

図表6−4　2点間の距離の考え方による違い

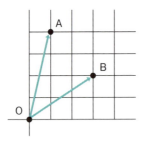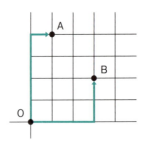

出所：筆者作成

<代表的な距離の定義・計算方法>
ユークリッド距離／マンハッタン距離／マハラノビス距離／チェビシェフ距離／ミンコフスキー距離／ハミング距離／コサイン類似度……等

① 「ユークリッド距離」を使った考え方

　では、先ほどの例も用いて2つの距離の定義の違いをより詳細に見ていきましょう。図表6−4の左図は「ユークリッド距離」を使った距離計算の考え方で最も一般的な距離の考え方と言ってよいでしょう。ユークリッド距離は2点間を直線で結んだ長さを測るもので、我々が日常的に利用している距離計算の考え方です。

　直線距離を計算してみると、地点Oから地点Aは$\sqrt{17}$、地点Oから地点Bは$\sqrt{13}$となり、地点Bの方が地点Oに近いという結論になります（図表6−5）。

② 「マンハッタン距離」を使った考え方

　一方で、図表6−4の右図の考え方は「マンハッタン距離」を使った例で

図表6-5　ユークリッド距離での2点間の距離比較

- ユークリッド距離の定義：$d_2(p, q) = \sqrt{\sum_{i=1}^{n}(q_i - p_i)^2}$
- OからAまでのユークリッド距離
  $= \sqrt{(1-0)^2 + (4-0)^2}$
  $= \sqrt{1+16}$
  $= \sqrt{17}$
- OからBまでのユークリッド距離
  $= \sqrt{(3-0)^2 + (2-0)^2}$
  $= \sqrt{9+4}$
  $= \sqrt{13}$

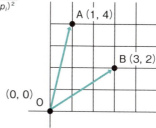

ユークリッド距離では、地点Bの方が地点Oと近い

出所：筆者作成

す。マンハッタン距離は、2点間の縦と横の移動距離の合計で測る方法です。例えば、地図上でO地点とB地点の距離を測る場合、O地点から横方向にx、縦方向にy移動してB地点に到達する場合、$x+y$をマンハッタン距離として

図表6-6　マンハッタン距離での2点間の距離比較

- マンハッタン距離の定義：$d_1(p, q) = \sum_{i=1}^{n}|q_i - p_i|$
- OからAまでのマンハッタン距離
  $d_1(O, A) = |0-1| + |0-4|$
  $= 1+4$
  $= 5$
- OからBまでのマンハッタン距離
  $d_1(O, B) = |0-3| + |0-2|$
  $= 3+2$
  $= 5$

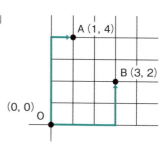

マンハッタン距離ではOからAとBそれぞれまでの距離は等しい

出所：筆者作成

計算します。このように縦横の移動距離を合算することで、直線距離でない場合でも正確に距離を測ることができます。マンハッタン距離を計算した結果としては、地点Oから地点Aおよび地点Bまでの距離は5となり、等しいという結論になります（図表6－6）。

マンハッタン距離は、2点間を直線的に結ばなくても、それぞれの座標軸上での移動距離だけで計算できるため、直感的に理解しやすいというメリットがあります。

また、各座標軸上の差の絶対値を足し合わせるだけで計算できるため、計算が簡単で、高速に処理できるというメリットもあります。一方で、縦横方向の距離しか考慮しないため、斜め方向の距離が大きくなる場合には、実際の距離よりも大きく見積もられることがあります。

次の節では、クラスタ分析の中身について見ていきましょう。上記で算出された距離や類似度をもとに、実際にどのようにクラスタが作られるのか、その計算方法を具体的に見ていきます。内部のアルゴリズムは大きく「階層型クラスタ分析」と「非階層型クラスタ分析」に分けられるのが一般的です。それぞれについて、次節以降で順に触れていきます。

階層型クラスタ分析

　階層型クラスタ分析は、すべてのデータ1つひとつを比べて、最も類似したデータ同士をまとめてクラスタを作ることを繰り返し、少しずつ大きなクラスタを作成する手法です。クラスタに分類される途中過程を階層の形で視覚的に表現することができ、最終的に図表6－7のような樹形図（デンドログラム）がアウトプットとして得られることからそのような名前で呼ばれています。

　階層型クラスタ分析では、類似度を測る尺度やクラスタリングのアルゴリズムによって、少しずつ異なる結果が得られます。代表的な手法としては、単連結法、完全連結法、平均連結法、重心法、ウォード法などがあります。

　グルーピングの手順としては、次ページの5ステップで実行されます。その5ステップを図示したものが図表6－8です。

図表6－7　階層型クラスタ分析のイメージ

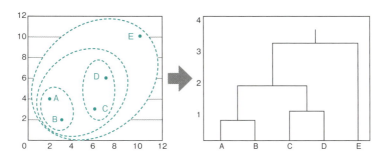

出所：筆者作成のダミーデータをもとに集計・作図

1. すべてのデータ間の距離を計算する
2. 最も距離が近い（類似度が高い）2点をまとめて新しいクラスタとする
3. 新しいクラスタの代表点（重心など）を定義する
4. 新しいクラスタも1データとみなし、1〜4を繰り返す
5. すべての点が1つのクラスタに集約されたら終了

　階層型クラスタ分析の最大の特徴は、**クラスタを分割する際に、階層的な構造を形成する**点にあります。分析結果を直感的に理解しやすい形で可視化することができるので、データの性質や傾向を把握しやすくなります。また、クラスタの数をあらかじめ定める必要がなく、人間が任意の数で分割が可能なため比較的、柔軟な分析が可能とも言えます。

図表6-8　階層型クラスタ分析の計算ロジック（ウォード法の場合）

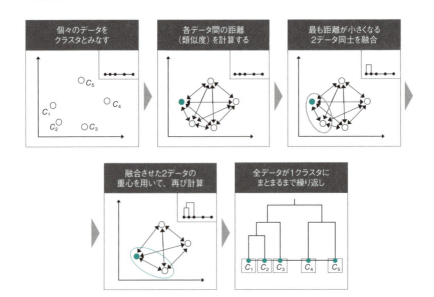

出所：筆者作成

図表6-9　階層型クラスタ分析から得られる樹形図(デンドログラム)

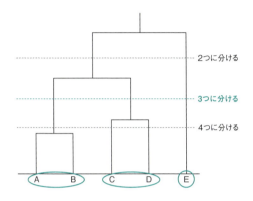

出所:筆者作成

　例えば、図表6-9のような分析結果が得られたとしましょう。
　「AとBは（樹形図の距離が近いので）とても似ている」「CとDも似ている」「Eはどのデータともあまり似ていない」という解釈ができます。また、一番上の点線で分割すればクラスタは2つ、一番下の点線で分割すればクラスタは4つ、といったように得られた樹形図を見ながら、ビジネス的に最も納得感のあるクラスタに分割することができることがわかると思います。
　ただし、すべてのデータ間の距離や類似度を算出するという性質上、データ量が非常に多い場合には計算量が多くなり、分析の実行が困難になったり、樹形図が巨大になったりして結果が不明瞭になるケースもあるため、分析結果のわかりやすさというメリットと上記のデメリットを天秤にかけながら、次節で紹介する非階層型クラスタ分析とどちらを採用するかを検討する必要があります。

非階層型クラスタ分析

次に、**非階層型クラスタ分析**を確認していきましょう。**非階層型クラスタ分析は、seedと呼ばれる基準点を最初に定め、それぞれのデータがどの基準点に最も近いかをもとにグルーピングしていく手法**です。階層型クラスタ分析とは異なり、階層的な構造を持たず、上記の通り設定する基準点に依存するため、クラスタ数を事前に指定する必要があります（図表6－10）。

非階層型クラスタ分析は階層型のようにすべてのデータ間の距離は算出せず、seedとの距離だけの計算で済むため、比較的計算コストがかからず大量データに対しても適用しやすいことがメリットとして挙げられます。

ここからは、非階層型クラスタ分析の代表的な手法である「k-means法」の詳細に触れていきます。k-means法は、次の6ステップの手順で計算をおこないます。その6ステップを図示したものが図表6－11です。

図表6-10　非階層型クラスタ分析のイメージ

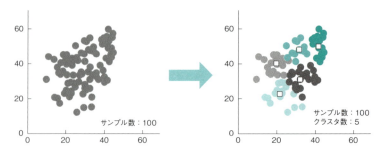

出所：筆者作成のダミーデータをもとに集計・作図

1. 最終的にまとめあげたいクラスタの数を指定する
2. 上記の最終クラスタの数だけ、基準とするseedを設定する
3. 各データとseedの距離（類似度）を算出して、どのseedに最も近いかでまとめあげる
4. 得られたクラスタの重心を算出し、新たなseedとする
5. 新しいseedを用いて3、4を繰り返す
6. 重心が動かなくなったら終了

　k-means法の結果は、個々のデータが属するクラスタの一覧表として得られます。また、各クラスタの重心やクラスタ内のデータ数などの情報も取得することができます。実務では、それらの結果サマリを加えて、各クラスタに属したデータを追加的に基礎集計することでクラスタの特徴をより鮮明に捉えるアプローチが有効です。

図表6-11　非階層型クラスタ分析の計算ロジック

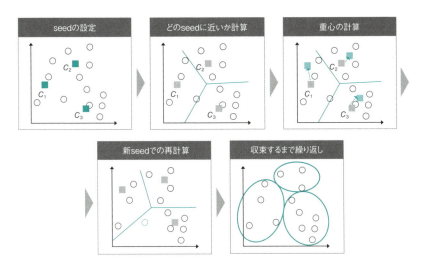

出所：筆者作成

クラスタ分析については、最終的にはビジネス的な納得感で結果の良しあしを判断することが多いのは事実ですが、非階層型クラスタ分析については、シルエット係数やエルボー法など様々な評価方法が存在します（本書では詳細は割愛いたします）。どの評価指標を採用するかは、データの性質や分析のユースケースによって異なりますが、これらの手法を採用しデータドリブンでの確認もおこないながら、最終的にはビジネス的な納得感があるか、得られたクラスタを用いてアクションにつながる示唆が出せそうかが肝となることは忘れないでください。

また、**「初期値（seed）の設定によって結果が異なることがある」**ことも重要な点です。k-means法ではseedの設定が重要であり、そのため、複数のパターンの初期値を用いてクラスタリングをおこない、最もよい結果を選択する方法がよく用いられます（図表6－12）。また、ここでの詳細な説明は省きますが、初期値依存の問題の克服を目指したk-means++というアルゴリズムも開発されていますので、初期値依存の問題につまずいたら、そうした方法にも手を伸ばしてみてください。

ここまで、クラスタ分析の計算の中身を詳細に見てきました。しかし、実際にクラスタ分析の結果をビジネス活用するためには**得られた結果をいかに追加分析し、解釈性を高めていくかが重要**となってきます。次節では解釈性を高めるためのポイントに触れていきます。

図表6-12　初期値の違いによる非階層型クラスタ分析の結果の違い

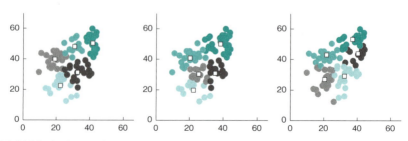

出所：筆者作成のダミーデータをもとに集計・作図

クラスタ分析の結果解釈

　前述の通り、クラスタ分析はマーケティングなどにおいても非常にポピュラーな手法ですが、実際にビジネスシーンで使用する際には、得られたクラスタの解釈が非常に重要です。クラスタ分析はどのようにデータをグルーピングするべきかの結果は提示してくれますが、それがビジネス的にどういった意味を持つかまでは提示してくれません。それは分析者である人の解釈が必須であり、そこが分析者の腕の見せ所とも言えます。実際に解釈するためには、得られた各クラスタの基本統計量の確認や各種の集計・可視化をおこない、ビジネス的な意味を付与してあげる必要があります。

　例えば、図表6-13のように顧客の利用履歴のデータをもとに非階層型クラスタ分析を実施すると、分類の結果として顧客IDそれぞれにクラスタの番号が付与された一覧表が得られます。しかし、これだけではビジネス的

図表6-13　クラスタ分析の直接的なアウトプットだけでは示唆は得られない

元データ（店舗利用履歴）

顧客ID	来店日	来店時間	購入商品	数量	価格
A001	2020/1/3	12:34	おすすめランチ	1	1,200
A002	2020/1/3	12:36	お得セット	1	1,000
A003	2020/1/3	12:55	軽食セット	1	800
A004	2020/1/3	13:16	おすすめランチ	1	1,200
⋮	⋮	⋮	⋮	⋮	⋮

クラスタ分析の実施 →

結果 ?

顧客ID	クラスタ番号
A001	1
A002	2
A003	3
A004	2
⋮	⋮

出所：筆者作成

には何の示唆も得られません。

　得られたクラスタ分析の結果に対して、各クラスタにそれぞれどのような特徴があるのかを探索するために各種の集計をおこないます。

　分析結果の解釈をおこない、各クラスタの特徴を見出すことでそのクラスタに属する顧客の嗜好性が見えてくるので、その先で何らかの施策を実施する際には効率的に顧客にアプローチできるようになります。例えば、図表6－14のような基礎分析を実施して各クラスタの特徴をつかんでいきます。

　このような追加分析を実施すると、各クラスタの特徴が見えてきます。例えば、クラスタ2について見ると20代、30代女性が多く、購入内容として

図表6－14　追加で実施する基礎分析の例

●性年代（単位:%）

クラスタ	女性						男性					
	20代	30代	40代	50代	60代	70代	20代	30代	40代	50代	60代	70代
1	22	11	11	0	0	0	17	17	22	0	0	0
2	50	39	11	0	0	0	0	0	0	0	0	0
3	0	0	0	10	25	10	0	5	5	0	20	25
4	0	0	5	0	0	0	5	45	15	25	5	0
5	7	20	32	20	0	0	0	7	7	7	0	0
6	18	55	23	4	0	0	0	0	0	0	0	0

●購入カテゴリ（単位:%）

クラスタ	ギフト	花・ガーデン・DIY	学び	食品	スイーツ・お菓子	水・ソフトドリンク	ビール・洋酒	日本酒・焼酎	レディースファッション	ジュエリー・アクセサリー	キッズ・ベビー・マタニティ	生活・インテリア	日用品雑貨・文房具・手芸	美容・コスメ・香水	キッチン用品・食器	医薬品・コンタクト・介護	ダイエット・健康	おもちゃ・ホビー・ゲーム	ペットグッズ	本・雑誌・コミック	旅行	男性用化粧品
1	0	0	0	19	1	29	9	4	0	0	0	11	4	0	1	5	1	2	0	14	0	0
2	1	0	0	0	0	1	0	0	19	20	0	0	1	22	0	0	21	0	0	0	15	0
3	0	27	18	0	1	0	1	1	1	1	0	28	0	1	0	0	0	19	1	1	1	0
4	0	0	0	0	0	1	19	29	0	0	0	0	0	0	1	0	0	19	0	5	0	25
5	43	0	0	21	33	0	1	0	0	0	0	0	0	0	1	0	0	0	0	0	0	0
6	1	0	0	0	1	1	18	0	0	0	38	0	0	17	22	0	0	1	0	0	0	0

出所：筆者作成のダミーデータをもとに集計・作図

| 図表6−15 | クラスタ分析の結果を活かした施策例 |

1.自社ファン
- 属性：男性56%、女性44%
  20〜40代で100%
- 購買傾向：どのクラスタよりも一人当たりの平均
  購入カテゴリ数と平均購入数が多く、
  ジャンル問わず売れる。

→ネットを頻繁に利用する層!

2.自分磨き女子
- 属性：女性100%
  20〜40代で100%
- 購買傾向：レディースファッション・美容品・ジュ
  エリーアクセサリー・ダイエット健康と
  女性関連商品が売れる。

→美容に関心がある自分磨き女子!

3.セカンドライフ世代
- 属性：男性55%、女性45%
  50〜70代で90%
- 購買傾向：花・ガーデニング、日用品・手芸で、
  その次には学びやペットグッズなど趣
  味の商品がよく売れる。

→趣味にお金を使えるセカンドライフ世代!

4.お一人様男性
- 属性：男性95%、女性5%
  30代45%、50代25%、40代20%
- 購買傾向：購入比率が最も大きいのは、お酒（ビー
  ル＋日本酒）で48%を占めており、続い
  て男性化粧品、ゲーム・ホビーが売れる。

→お酒や趣味にお金をかけられる男性陣!

5.こだわりお取り寄せ派
- 属性：女性79%、男性21%
  40代40%、20〜50代幅広い世代
- 購買傾向：購入比率が最も大きいのは、百貨店・
  総合通販・ギフトの43%で、さらに
  食品とスイーツがよく売れる。

→こだわりの商品をお取り寄せしている層

6.子育てママ
- 属性：女性100%
  30代55%、40代23%、20代18%
- 購買傾向：キッズ・ベビー用品が38%で、キッ
  チン用品や美容・コスメ商品の他、
  水などの重いものがよく売れる。

→お買い物が大変な子育てママの層

出所：筆者作成

は「レディースファッション」「ジュエリー・アクセサリー」「美容・コスメ・香水」「ダイエット・健康」といったカテゴリを中心に多いことがわかり、"美容に関心がある自分磨き女子"といったペルソナイメージがわいてきます。これらをもとにすれば、各クラスタに向けたビジネスアクションの企画・実行もより現実的なものとなります（図表6−15）。

　ここまで見てきたように、クラスタ分析はビジネスシーンにおいても非常に活用の幅が広く、データ分析をスタートしたばかりのビギナーでも価値の出しやすい分析手法です。業界・領域を問わず幅広く活用可能ですので、ぜひ実践してみてください。

第6章｜統計解析・機械学習の基礎① クラスタ分析　143

第6章のまとめ

☑ 統計解析や機械学習の手法は数多く存在するが、「用いるデータの種類」や「ビジネスの活用目的」「解釈性と精度のバランス」などを考慮して採用する分析手法を選択する

☑ 要約モデルの代表例である「クラスタ分析」は、似た特徴のデータをグルーピングする手法で、マーケティング領域など多くのビジネスシーンで利用されている

☑ クラスタ分析には「階層型クラスタ分析」と「非階層型クラスタ分析」があり、両者をユースケースやデータの特徴に応じて使い分けることが重要となる

☑ クラスタ分析で得られたグループは、人間がその意味合いを解釈する必要がある。得られたグループごとに追加でクロス集計をおこない、クラスタにわかりやすい命名などをすることで施策検討をおこないやすくする

第7章

統計解析・機械学習の基礎②
回帰分析

前章では、統計解析・機械学習の基礎として要約モデルの代表例であるクラスタ分析について触れてきました。本章では、予測モデルについて触れていきたいと思います。しかし、予測モデルは前述の通り、古典的統計手法から機械学習手法まで幅広いため、まずは古典的統計手法である重回帰分析・ロジスティック回帰分析について詳細を見ていきましょう。

予測モデルを構築する上での基本知識

Point 1

 本章で触れる回帰モデルは、多くの読者の皆さんも一度は聞いたことがある分析手法だと思います。予測したいビジネスゴールを各種のデータで定式化し、結果を算出するイメージは高校や大学の数学で学んできたことからもすぐにイメージできるでしょう。改めて、これらの考え方で用いる単語などについて共通認識として記載します。

 まずは変数についてです。予測モデルの構築に用いる各種のインプットデータについて、**予測したいビジネスゴールの指標自体を「目的変数」**と呼びます。売上や商品購入有無などがこれに該当します。

 一方、**目的変数を予測するために式の要因となる変数を総じて「説明変数」**と呼びます。これは次章で扱う機械学習においては「特徴量」と呼ばれることもありますが、ほぼ同じ意味だと思っていただいて構いません(図表

図表7−1　目的変数と説明変数

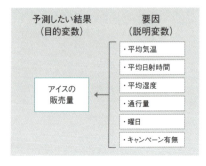

出所：筆者作成

7 − 1）。

　次に、予測モデルの構築ステップについてです。一般的に予測モデルを構築する際には、まずデータを学習用と検証用に分割します。これは、構築したモデルが学習データに過剰に当てはまるように定式化されていないか（そのような状況を**過学習**と呼びます）を確認するために検証用のデータを用意するという重要な意味があります。ここで分割されたデータのうち、学習データのみを用いてモデルを構築します。得られた式やルールに検証データを当てはめることで本当に十分な精度が得られるかを検証するという一連の流れが予測モデルの構築ステップです（図表7 − 2）。

　上記で説明した予測モデルの大前提を念頭に置いた上で以降の回帰分析の詳細を読み進めていきましょう。

図表7−2　予測モデルの構築ステップ

①データ分割　　②モデル作成（学習）　　③モデル検証（評価）

ROC曲線
0.75　B
0.55　A
ランダム推定
真陽性率
0.24　0.46　　偽陽性率

●データを学習用と検証用に分割
●割合は8：2程度が目安だが、状況に応じて分割方法やサンプル割合は検討が必要

●学習データを用いて、モデルを構築する
●文字通り、学習データを用いて学習させるおこなう

●検証データを構築したモデルに投入し、各種指標を確認することで、モデルの精度と汎用性を確かめる

出所：筆者作成

回帰分析とは？

　それでは、回帰分析の中身に入ります。**回帰分析とは、1つの連続変数に対して複数の要因が影響を及ぼしている1対Nの関係を分析できる手法**です。なお、要因として考慮する変数が1つのみの時は「単回帰分析」、複数ある時には「重回帰分析」と呼ばれますが、実務上分けて覚える必要はないので、シンプルに「回帰分析」と覚えていただいても問題ありませんし、実際のところ単回帰分析をおこなう機会は限られているため、重回帰分析だけを覚える形でも構いません。以降の説明では、基本的に考慮したい要因が複数ある状況、つまり重回帰分析を想定して解説します。

　回帰分析を適用するシーンとして、とある駅前のコンビニAの売上を分析するビジネスケースを考えてみましょう。具体的にイメージするため、コンビニAを取り巻く周辺環境を下記にまとめました。まずはこれらの情報を読み、コンビニAについてのイメージを膨らませてください。

＜コンビニAの情報＞
- 駅から徒歩1分の場所に位置
- 所在している都道府県は神奈川県
- 最寄りの駅は在来線・私鉄・市営地下鉄、そして新幹線の合計4線が乗り入れており、1日当たりの平均乗降者数は約320,000人
- 周辺には上場企業の本社が複数あり、ビジネスパーソンの往来が多い
- 国内有数の大規模音楽ライブ施設およびスポーツ競技場が近隣に

位置しており、各種イベント開催日には観覧客の利用により駅への入場規制がかけられることもしばしば
- コンビニは駅から各種イベント会場への導線上に位置している
- 駅周辺徒歩1分以内の距離に位置する競合他社のコンビニ店舗は2店あるが、駅から雨に濡れずに直結でアクセスできるのはコンビニAのみ
- 店舗内のベーカリーで焼き上げるパンやお弁当などが人気商品
- 夕方以降はそこまで客入りが多くない

では、ここからコンビニAの売上予測の分析をはじめましょう。まずは、この店舗の売上について仮説を立てます。例えば、以下のような仮説を考えたとしましょう。

仮説①：ビジネスパーソンが多い街区のため、休日よりも平日の売上が高い傾向が強いのではないか

仮説②：イベント会場が近くにあるため、イベントが開催される日は通常の日よりも、売上が高いのではないか

仮説③：雨の日はランチ時間帯など他の飲食店の利用者の一部が、雨に濡れずに駅からアクセスできるコンビニAに流入するため、売上が高い傾向なのではないか

仮説を立てたら、次は仮説の検証をおこないます。先に挙げた3つの仮説をそれぞれ独立して検証する方法は、既に皆さんもご存じのクロス集計です。曜日ごとに売上を集計してみたり、イベントの開催日と非開催日で売上を集計してみたりすることで上記の仮説をそれぞれ検証できます。

しかし、この手法で仮説を検証する問題点は、検証している仮説に含まれていない要素の影響を考慮できないところにあります。例えば、仮説①を検

証するため休日と平日の売上を集計したところ、平日の売上の方が高かったとします。この検証結果をもとに、「この店舗では平日の売上が休日を上回る」と結論してしまってよいでしょうか。実は、そのように結論づけることは望ましくありません。なぜなら、コンビニAの売上に影響する要素は他にも様々あるにもかかわらず、この結論はそれらの要素の存在が無視されたまま導かれているからです。たとえ休日だとしても、その日たまたま近くのイベント会場でライブイベントが開催されていれば、もしかしたら売上は通常の平日を上回るかもしれません。売上は曜日という単独の要因のみによって変化していると考えるよりも、様々な要因が複合的に作用した結果だと解釈する方が適切でしょう。

　売上とその他の要因の関連を調べる場合、クロス集計で確認可能なのは多くとも2～3個の要因までです。それ以上の要因を考慮しようとすると、多くの場合は集計表の組み合わせ数が膨大になり、実質的に解釈できない状態になってしまいます。また、場合によってはそれぞれの組み合わせごとのデータ数が極端に少なくなり、正しい解釈ができないかもしれません。

　上記のような課題に対して、1対Nの関係性を分析する際に使われるのが回帰分析です。回帰分析では、前述の通り、予測したり原因を分析したい対象となるビジネスゴールのことを目的変数と呼びます。今回の例では、コンビニAの売上高がどういう要因によって変動しているのかを検証したいため、売上が目的変数です。そして、目的変数の値を変動させている要因や特徴を表す変数を説明変数と呼ぶことを前節で触れました。今回で言えば、売上に影響していると考えられる曜日や天気、イベント開催の有無などが説明変数です。重回帰分析では、目的変数には連続変数しか利用できませんが、説明変数には連続変数・質的変数どちらも使用することができます。

Point 3 回帰分析の仕組み

　ここからは実際に、コンビニAのある日の売上を目的変数として、休日かどうか、イベント開催日かどうか、その日の降水量の3つの変数を説明変数とした分析を見ていきたいと思います。まず、分析に使用するデータを見てみましょう（図表7−3）。

　今回分析に用いるのはこのような、日付ごとに整理されたデータセットです。このデータセットのうち、売上（万円）の列に入っているデータが今回の目的変数です。その他の列も見ておきましょう。日付の列にはそのレコードがいつのデータなのかが記録されています。曜日の列はその日付が何曜日だったのかを記録している列です。その隣には平日ダミーという列とイベント開催ダミーという聞きなれない名前の列が並んでいます。これらは**ダミー変数**と呼ばれ、カテゴリカルな変数を回帰分析で扱う時に使用するものです。一度ここで、ダミー変数について確認しておきましょう。

　カテゴリカルな変数とは、テキストなど数値ではない値が格納されている

図表7−3　回帰分析のインプットデータのイメージ

No.	日付	曜日	平日ダミー	イベント開催ダミー	降水量(mm)	売上(万円)
1	2023-06-01	木曜日	1	0	0	54
2	2023-06-02	金曜日	1	0	120	61
3	2023-06-03	土曜日	0	1	90	55.5
4	2023-06-04	日曜日	0	0	0	25
5	⋮	⋮	⋮	⋮	⋮	⋮

出所：筆者作成のダミーデータをもとに集計・作図

変数のことです。例えば図表7－3の曜日列のような列もカテゴリカルな列です。曜日列のセルに入っているのは、「木曜日」「金曜日」といった文字列です。こういった文字列のデータは、そのままでは回帰分析に使用できません。回帰分析に使用するデータはすべて数値にする必要があります。

そこで用いられるのが**ダミー変数化**という処理です。ダミー変数は、カテゴリカルな変数について各カテゴリに1つひとつ変数を割り当て、1か0を取る変数に変換するという手法です。実際に例を見てみましょう。

図表7－4は元データの曜日という説明変数をダミー変数化したものです。元々は1列の変数でしたが、ダミー変数化後は「曜日_月曜日」「曜日_火曜日」……という7列の変数になっています。ダミー変数化で作られる列の数は元々のカテゴリカル変数に含まれているユニークな値の数になります。今回で言えば、曜日は7種類ですので、7列の新しいダミー変数が作られるというわけです。

ダミー変数の値はすべて1か0のどちらかです。元々のカテゴリカル変数で取っている値に基づいてダミー変数化後の列の値が決まります。例えば1行目のレコードを見てみると、元々の曜日列では「木曜日」という値を取っています。そのため、ダミー変数化した変数の値を見てみると、「曜日_木曜日」の列で1を取り、それ以外の変数ではすべて0を取っています。ダミー変数は、「元々の列の値が○○○に該当するか」という判定をおこない、その判定の結果をYes = 1、No = 0という値で格納しているものになります。

図表7－4　ダミー変数化の例

	曜日_月曜日	曜日_火曜日	曜日_水曜日	曜日_木曜日	曜日_金曜日	曜日_土曜日	曜日_日曜日
1	0	0	0	1	0	0	0
2	0	0	0	0	1	0	0
3	0	0	0	0	0	1	0
4	0	0	0	0	0	0	1
5	⋮	⋮	⋮	⋮	⋮	⋮	⋮

出所：筆者作成のダミーデータをもとに集計・作図

改めて、図表7 – 3のデータを見てみましょう。平日ダミーの列は、該当レコードの日付が平日だった場合は1、休日だった場合は0が入っています。イベント開催ダミーの列には、近隣のイベント施設でイベントが開催されている日には1、未開催の日には0が入っています。このようにダミー変数化することで、カテゴリカルな変数を回帰分析に利用できるようになります。

　では、重回帰分析そのものの解説に戻ります。重回帰分析においては、目的変数に対して説明変数が与える影響を下記のような方程式の形で表現します。

コンビニAのある日の売上＝平日ダミー×平日ダミーの回帰係数＋イベント開催ダミー×イベント開催ダミーの回帰係数＋降水量（mm）×降水量の回帰係数＋定数項

　ここでは重回帰分析の式をすべて言葉で表現しました。平日ダミー、イベント開催ダミーなどの部分は、先のデータの中の変数を利用するものだとイメージしてください。式の左辺にあるのは今回の目的変数、コンビニAのある日の売上です。右辺は、「説明変数×その説明変数の回帰係数」という形式のものが3つと定数項が1つ、全部で4つの項が足し合わされる形式で表現されています。重回帰分析のモデルはこのように、「目的変数＝説明変数×その説明変数の回帰係数＋定数項」という形を取ります。

　回帰係数とは、「ある説明変数が1単位増えることで、目的変数の値がどの程度増える/減るのか」を表現した値であり、分析に利用した説明変数ごとに計算されます。今回の例では説明変数は平日ダミー、イベント開催ダミー、降水量の3つなので、回帰係数も3つ必要になります。つまり、重回帰分析に用いる説明変数を1列増やすと、式中の説明変数と回帰係数の組み合わせが1つ増えます。

　回帰係数はプラスに大きいほど説明変数が目的変数に対してプラスの影響を強く与えていることを意味します。反対にマイナスに大きければ、説明変数は目的変数に対してマイナスの強い影響を与えていることになります。

　定数項は、目的変数の値のうち、説明変数の値の大きさとは関係なしに決まっている一定の水準を表現した項です。定数項は右辺の他の項と異なり説

第7章｜統計解析・機械学習の基礎② 回帰分析　153

明変数が乗じられていないため、説明変数の値がどのように変化したとしても常に一定の値を取ります。すべての説明変数が0だった時の目的変数の値であるとも言えます。

　ここまで、重回帰分析の式の構成要素について見てきました。ここからはさらに具体的に、実際に数値が入った重回帰分析の結果の式を見ながら、それぞれの構成要素への理解を深めていきましょう。下記は、先ほど言葉で表現されていた式を数値に変換したものです。

$$y = 30X_1 + 20X_2 + 0.05X_3 + 25 + u$$
①　　②　　　③　　　　④　　　⑤　⑥

　　　　　　　　　　　　　　　　　　　　※yの単位は万円

　これは、目的変数であるコンビニAのある日の売上が、説明変数の値によってどのように変動するのかを表した関係式で、「回帰式」と言います。この式の中の各項をそれぞれ見ていきましょう。

①　yにはコンビニAのある日の売上が入ります。右辺と左辺はイコールで結ばれており、売上は右辺の各項の和として表現されています。

②　X_1は平日ダミーの変数で、30は回帰係数です。X_1には、「そのデータの曜日が平日か否か」に基づいて、平日の場合には1、休日だった場合は0が入るので、この項として計算結果はX_1が平日の場合は30×1で30に、休日の場合は30×0で0になります。つまりこの項によって、平日の場合は休日よりも30万円ほど売上が高くなることが表現されています。

③　X_2はイベント開催ダミーで、回帰係数の値は20です。X_2には「そのデータの日にイベントが開催されたか否か」に基づいて、イベントが開催された場合は1、開催されていなかった場合は0が入るので、この項の値はイベントが開催されている場合は20、未開催の場合は0です。この項では、イベントが開催されている日には開催されていない日に比べて売上が20万円高くなることを表現しています。

④　X_3は降水量で、回帰係数の値は0.05です。X_3にはその日の降水量の値が入ります。降水量の変数は0以上の値を取る連続変数で、日付によって値は様々なので、この項の値もまた日付によって異なります。例えば降水

量が1mmだった時には、この項の値は0.05 × 1で0.05になります。一方、たくさん雨が降り降水量が50mmだった際には、項の値は0.05 × 50で2.5になります。降水量が1mm増えるごとにその日の売上は0.05万円ずつ増えることがこの項で表現されています。

⑤　この項は変数との掛け算ではなく、単なる定数です。このような項を**定数項**と言います。そのため、他の変数の値に関係なく、必ずすべてのレコードで25という値を取ります。つまり、この式においてyの値は、説明変数の値がすべて0だったとしても最低25になります。

⑥　この項は誤差項と呼ばれる、ランダムなノイズを表現している項です。現実の問題は複雑であり、説明変数だけでは表現できない部分があるのが普通です。例えば、本来は売上に関連しているにもかかわらず今回の回帰式には含められなかった説明変数があった場合を考えてみましょう。その説明変数の持つ効果は今回の式では無視されており、十分に表現されていません。誤差項は、このように今回考慮できなかった様々な要因による値のブレをまとめてノイズとして表したものです。

このように、**回帰式の形でyに対してそれぞれの説明変数が与える影響を分析する手法が回帰分析**です。回帰式を構成している要素のうち、回帰係数や定数項の値はデータから計算によって求められます。計算手法は様々ですが、主に最小二乗法という方法がよく使われており、計算によって回帰係数や定数項の値を求めることを「**推定する**」と呼びます。推定の結果、でき上がった回帰式を見ることで私たちは各説明変数が目的変数に与える影響の大きさを解釈することができます。推定された回帰係数の符号はどんなものだったのか、回帰係数の大きさはどの程度かを見ることによって、どのような要因によって目的変数の値が変動しているのかを理解することができるのです。

先ほどの回帰式を解釈すると、このコンビニAにおいて、各日付の売上は平日か否か、イベント開催日か否か、そしてその日の降水量によって変動しており、その変動の様子は次ページのようにまとめられます。

第7章｜統計解析・機械学習の基礎② 回帰分析　155

- 平日の場合、そうでない場合に比べて売上は 30 万円ほど増える
- イベント開催日の場合、そうでない場合に比べて売上は 20 万円ほど増える
- 降水量が 1mm 増えるごとに売上が 500 円ほど増える
- 説明変数の値とは関係なく、25 万円ほどの売上がある

　このような回帰式が得られると、説明変数の値を考えることで、その日の売上をだいたい予測できます。例えば平日であり、イベント開催日であり、雨が一切降らない日の売上の予測値は、先の回帰式にそれぞれの説明変数の値を代入することで下記のように求めることができます。

$$30 \times 1 + 20 \times 1 + 0.05 \times 0 + 25 + 0 = 75$$

　雨が降らないイベント開催日の平日の日の予測売上は 75 万円と見込むことができました。予測の際には誤差項の値は 0 として計算します。相関分析やクロス表の分析では、二変数の関連を考察・検討することはできましたが、片方の値に基づいてもう片方の値を予測することはできませんでした。このように、**要因の分析だけではなく、予測にも使えるのが回帰分析の便利なところ**です。回帰分析は Excel でも実装できる手法なので、実際にご自身の身の回りのデータを分析してみることで、これまで見つけられなかった関係などを発見することができるかもしれません。

回帰分析を実行する際の5つの注意点

一方、回帰分析をおこなう際には様々な注意点もあります。ここからは気をつけなければいけない5つのポイントを順番に見ていきましょう。

①連続変数以外を目的変数に使わない

回帰分析では、目的変数には連続変数しか利用できません。連続変数とは、$-\infty \sim +\infty$の値をなめらかに取ることができる（小数点以下の桁数を増やせばどこまでも細かく表現できる）変数です。

先ほど見ていた売上の変数は、負の値を取ることがなく、1円以下の単位は存在しないので無限に細かくもできません。そのため厳密には連続変数ではないのですが、値の区切りが比較的多いため実務上は分析してよいものとして扱われます。

分析できない変数の例として、複数の選択肢のうちどれを選んだかが記録されているような変数があります。例えば、会員制のECサイトにあるお客さんがもう一度来店してくれるかどうかを分析したいとします。そのような時は、特定のユーザーがもう一度来てくれるか、来てくれないかという変数が目的変数になります。これは先に話したダミー変数の形式で選択肢を表現した変数で連続変数ではないため、目的変数にすることができません。

このような二者択一の選択結果のような変数を目的変数にしたい場合は、回帰分析の応用手法であるロジスティック回帰分析という分析手法を使用します。これについては、次の節で紹介しましょう。

②ダミー変数のうち1つのカテゴリは回帰式に入れない

カテゴリカルな変数からダミー変数を作成すると、カテゴリの数だけダ

図表7-5		多重共線性を考慮できていないダミー変数化の例						
No.	曜日	月曜日ダミー	火曜日ダミー	水曜日ダミー	木曜日ダミー	金曜日ダミー	土曜日ダミー	日曜日ダミー
1	月曜日	1	0	0	0	0	0	0
2	火曜日	0	1	0	0	0	0	0
3	水曜日	0	0	1	0	0	0	0
4	木曜日	0	0	0	1	0	0	0
5	金曜日	0	0	0	0	1	0	0
6	土曜日	0	0	0	0	0	1	0
7	日曜日	0	0	0	0	0	0	1
8	月曜日	1	0	0	0	0	0	0
9	⋮	⋮	⋮	⋮	⋮	⋮	⋮	⋮

出所：筆者作成のダミーデータをもとに集計・作図

ミー変数が作成されます。例えば曜日の列をダミー変数化すると、図表7-5のようになります。

　曜日列は元々、月曜日から日曜日までの7つのカテゴリを持った変数でした。そのためダミー変数を作成すると、新規に作成される列は7つになります。このような曜日ごとのダミー変数を回帰式に入れることで、各曜日が持つ効果を分析することができるのはここまで見てきた通りです。

　しかし、回帰式に入れる際には、7つの列をすべて使用してはいけません。すべての列を入れてしまうと、**多重共線性**という回帰分析の実行上の問題が発生しやすくなるためです。多重共線性を簡単に紹介すると、互いに強い相関関係を持つ変数を回帰式に同時に入れた時に発生する問題であり、回帰式の信頼性を揺るがす重大な問題です。多重共線性が高い回帰式の推定結果は信頼できないものになるため、回帰分析をおこなう際には、自分が作成した回帰式で多重共線性の問題が起こっていないかを注意深く観察する必要があります。上記の曜日の例で言えば、月～土曜日の6つのデータを見れば日曜日が1/0のどちらかは必然的にわかるデータのため、他の曜日のデータと相関関係が生まれやすいことがイメージできます。

多重共線性が発生しているかを確認する簡単な手法として、説明変数同士の相関係数を確認するという方法があります。相関行列を参照することで、説明変数同士が強い相関を持っていないかを確認できるのです。その他、VIF統計量という指標を計算することでも、使用する回帰式にどの程度多重共線性のおそれがあるのか把握できます。説明変数間で相関係数が高い場合には、ビジネス視点も踏まえてどちらかの変数のみに絞って回帰分析を実行することを心がけてください。

③回帰係数の大きさを見て説明変数同士の影響の強さを比較しない

回帰係数は説明変数ごとに推定されるので、直感的にそれぞれの説明変数が目的変数に与える影響の大きさを比較したくなります。例えば先ほどの売上分析であれば、「平日ダミーの回帰係数は30で降水量の回帰係数は0.05だから、降水量よりも平日ダミーの方が目的変数に与える影響が大きい」というような結論を導くものだと思ってください。

残念ながら、回帰分析では通常、回帰係数の大きさを説明変数間で比較することはできません。なぜかと言うと、説明変数によってスケールが異なるからです。スケールは単位と言い換えてもいいでしょう。どういうことか、少し細かく見ていきます。

説明変数にはそれぞれ、異なる単位が割り当てられていることが多くあります。降水量であれば何mm、駅の乗降者人数であれば何人など、各変数にはそれぞれ記録された単位があります。異なる単位の変数が1増えた時の量を横並びで比較することはできません。例えば、コンビニに来るお客さんの数を目的変数として、そのエリアの降水量と最寄り駅の乗降者人数を説明変数にした時、降水量が1mm増えるのと駅の乗降者人数が1人増えるのでは意味が全く異なります。このように**「その説明変数の値が1増える」ことの意味が異なる変数間では、回帰係数の大きさを比較することは御法度**なのです。

しかし、実はある前処理をしてから回帰分析をおこなうと回帰係数の大きさで影響の大きさを議論できるようになります。その前処理とは**標準化**です。各変数を事前に標準化すれば、各変数の平均が0、標準偏差が1と揃えられるので、それぞれの説明変数のスケールが揃い、同じ土俵で回帰係数の

図表7-6	標準化の実施有無による回帰分析結果の違い		
標準化の有無	回帰係数の大きさの比較		回帰係数の解釈
標準化しない場合	●できない 各説明変数のスケールが異なるため、回帰係数の大きさを比較できない		●容易 各説明変数の値が1増えたら目的変数の値がx増える、とシンプルに解釈できる
標準化した場合	●できる 各説明変数のスケールが平均0、標準偏差1に揃えられているため、回帰係数の大きさをもとに目的変数に与える影響を比較できる		●複雑 各説明変数の値が1標準偏差分増えたら目的変数の値がx増える、とやや複雑な解釈をしなければならない

出所：筆者作成

大きさを比較できるようになります。しかしこの場合、今度は「その説明変数の値が1増えたら、目的変数の値は回帰係数の分だけ増える」というシンプルな解釈ができなくなります。自分が解釈したいものに合わせて、標準化しない回帰式と標準化した上での回帰式を使い分ける必要があります（図表7-6）。

④外れ値の処理を適切におこなう

　回帰分析は推定のアルゴリズム上、外れ値に弱い分析手法です。弱い、とは使用するデータの中に外れ値があるかないかによって推定結果が大きく変わってしまいやすいことを意味しています。つまり、外れ値があるデータセットに回帰分析をおこなうと、データの大衆的な傾向を上手に予測できない回帰式が得られてしまうことがあります。そのため、回帰分析をおこなう前には必ず丁寧に前処理をおこなう必要があります。外れ値の前処理については第4章7節を参照してください。

⑤回帰分析の信頼性

　回帰係数は定数項をデータから推定しているため、利用できるデータの件数が少ないと回帰分析の結果の信頼性は低くなってしまいます。必要なデータの件数は使用する説明変数の数などにも左右されるため一概には言えませ

んが、100件を下回るようなスモールデータでの分析には注意が必要です。説明変数が多い複雑な回帰式で信頼できる結果を得るためには、ある程度豊富なデータが必要だということを忘れないでください。また、厳密には検出力分析という方法を用いることで、分析に必要なデータ件数を計算することもできます。

　また、それぞれの回帰係数についても、どの程度信頼できるのかを考えるべきです。これには統計的仮説検定による回帰係数の検定をおこなうのが主な方法です。本書では統計的仮説検定の詳細な内容は扱いませんが、データ分析者にとっては必ず必要となる基礎知識の1つです。データを分析するスキルを本格的に自分のものにしたい方は、ぜひ統計学の数学的な説明をおこなう書籍を手に取り、統計的仮説検定を含む数理統計学の世界に足を踏み入れてください。

　重回帰分析は、相関分析などでは難しかった1対Nの関係を分析できる手法でした。重回帰分析を用いることで、ある連続変数に対して説明変数が与える影響を回帰式として表現でき、各説明変数の影響の強さを回帰係数の大きさから読み取ることができます。重回帰分析はシンプルな手法なので様々なソフトウェアで実装できるのもメリットの1つです。先に述べたいくつかの注意点を踏まえた上で重回帰分析を活用することで、データ分析の幅が一層広がるでしょう。

　一方、重回帰分析にも限界があります。それはカテゴリカルな目的変数を分析できないという点にあります。次の節では、その点が可能な回帰分析であるロジスティック回帰分析をご紹介します。

ロジスティック回帰分析とは？

　ロジスティック回帰分析は重回帰分析を2カテゴリの分類問題に適用できるようにした手法です。通常の回帰分析は予測値の取る範囲が－∞～＋∞まで広がっているため、目的変数がダミー変数である2カテゴリ分類では予測値が目的変数の値として許容される範囲を超えてしまうという問題点があり

図表7-7　線形回帰（重回帰分析）とロジスティック回帰分析

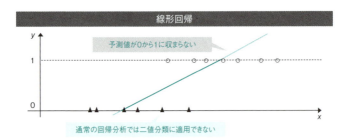

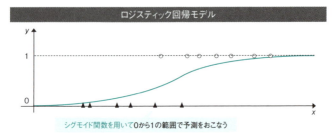

出所：筆者作成

ます（図表7－7）。

　そこでロジスティック回帰分析では、予測値をシグモイド関数という関数を用いて変換することで0〜1の間に収まるようにしています。私たちの身の回りに最低0、最大1を取る有名なものがあります。それは「**確率**」です。ロジスティック回帰分析の予測値は予測確率として解釈することができ、例えば、「あるユーザーが1週間以内にもう一度来店してくれるか否か」という問題をロジスティック回帰分析で分析した結果は、「このユーザーが1週間以内にもう一度来店してくれる確率は60％である」といった解釈ができます。

　回帰分析では回帰係数の大きさを見ることで、説明変数が目的変数に与える影響を解釈できました。これはロジスティック回帰分析でも可能です。ただ、ロジスティック回帰分析では回帰係数の読み取り方が少し異なりますので、実際に使用する場合には注意が必要です。

　本書ではロジスティック回帰分析の詳細の仕組みについては割愛しますが（興味のある方はぜひ自身で学習してみてください）、重回帰分析とロジスティック回帰分析の違いについては触れていきましょう。前節で学習した通り、重回帰分析は直線的に増えていく関係（線形性）が前提になっているため、各説明変数の変化と目的変数の変化は比例関係です。

　一方、ロジスティック回帰分析は1/0という二値の値を強制的に表すようにシグモイド関数を適用します。そのため、重回帰分析のような単純な線形性は担保されていないため、回帰係数の影響は決して比例関係とはなりません。

　図表7－8はロジスティック回帰分析における回帰係数の影響を表したものです。横軸に年齢を取っていますが、33歳から38歳に変化した場合と70歳から75歳に変化した場合では目的変数である縦軸の購入有無への影響は一様ではないことがわかります。33歳から38歳への変化が縦軸に比較的大きな影響を与えるのに対し、70歳から75歳の変化は比較的影響が小さく、同じ5歳の変化であっても意味合いが大きく異なります。

　ロジスティック回帰分析を実行して出力される確率値は、当然ですが0〜1の間の値を取ります。しかし、元データに立ち返ると1/0で表される二値データを予測することが目的でした。つまり、最終的には得られた確率を

第7章｜統計解析・機械学習の基礎② 回帰分析　163

図表7-8　ロジスティック回帰分析の影響は一様ではない

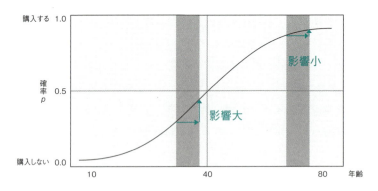

出所：筆者作成

二値データに戻す作業が必要です。このための閾値をカットオフ値と呼びます。ロジスティック回帰分析においては、0.5（＝確率50％）をカットオフ値として結果を判定することが一般的ですが、実際のビジネスシーンでは以下のような観点で"何を重視するか？"によってカットオフ値を変えることが重要です。例えば、ビジネス要件や分析の目的から、「少しでも成約につながる顧客を幅広くターゲットとして捉えて営業活動を実施したい」場合には、カットオフ値を0.5以下に設定することもあります。一方、カットオフ値を高く設定し、少ない訪問数の中で本当に重要な顧客のみに営業先を絞って高効率を目指すこともあります。つまり、ビジネス上のメリット／デメリットをしっかりと理解した上で、カットオフ値を設定する必要があるのです。

また、ビジネス的な判断だけではなく、データの性質によってもカットオフ値を変更することがあります。圧倒的に正解データが少ない不均衡データと呼ばれるデータの場合、カットオフ値を0.5にすると1/0で1と予測されるデータが極端に少なくなってしまうこともあり、その場合はカットオフ値を引き下げます。

ロジスティック回帰分析のビジネス活用に際しては得られた分析結果を用

いて、優先的にアプローチすべき顧客の絞り込みなどの施策につなげていきます。その際には最終出力結果である確率や1/0の二値データだけではなく、回帰係数を見ながらどの説明変数が最も影響度が強いのかも参考にしながら、ビジネスアクションを精緻化します。この点は重回帰分析と同様です。

　本章では、予測モデルの代表例として、連続値の予測をおこなう重回帰分析と、離散値の予測をおこなうロジスティック回帰分析を紹介してきました。これらは予測モデルの基礎的な考えを多く含んでおり、まさしくデータ分析のビギナーにとって避けては通れない入り口の手法ですので、ぜひとも身につけてください。

　一方、これらの分析手法は現役の分析手法ではあるものの、徐々に活躍の幅は減りつつあります。その理由として挙げられるのが機械学習手法の登場です。次章では、機械学習での予測モデル構築について学んでいきましょう。

第7章のまとめ

☑ 予測モデルの代表例として回帰分析が挙げられ、ビジネスにおいても多くのシーンで利用されている

☑ 回帰モデルは予測したい対象である目的変数と、予測するために必要な要因である説明変数の間で予測式（予測モデル）を構築することで予測結果を算出する

☑ 回帰分析の中でも、売上などの連続値を予測する際に用いる代表例が重回帰分析であり、小売店の売上予測やエネルギーの需要予測など業界・領域を問わず活用されている

☑ 重回帰分析をおこなう際には、ダミー変数の扱いや多重共線性、変数の標準化など注意が必要なデータ処理があるため、適切な分析プロセスを踏めているか確認をおこなうことが重要となる

☑ 連続値ではなく、二値（1か0か、○か×か）を予測する場合には、ロジスティック回帰分析という別の回帰分析を用いる

第8章

統計解析・機械学習の基礎③
決定木分析・アンサンブル学習

前章では、予測モデルの代表例として重回帰分析やロジスティック回帰分析といった回帰モデルについて学んできました。これらの手法には、データ分析を学ぶ上での基礎的な概念が多く含まれており、データ分析の初学者が必ず通らねばならない道とも言えます。一方で、近年ではその活躍の場は徐々に機械学習に奪われつつあるのも事実です。本章では、機械学習の基礎を学ぶと共にその躍進の背景についても理解を深めていただこうと思います。

機械学習とは

　機械学習とは、人間が作成したルールや手順を使わずに、コンピュータプログラムがデータからパターンやルールを学習して、新しいデータに予測や決定をおこなう技術です。機械学習とAIは混同されて使われることもありますが、機械学習はAIに包含される概念です。AIとは、人間の能力である認識や推論といった知的活動をコンピュータにおこなわせる技術・研究分野を指しますが、機械学習はそのうち「データからの学習」や「ルールの推論」などをおこないます。

　機械学習と前章で紹介した統計学的手法は、データ分析の手法として共通している部分と異なる部分があります。共通している点としては、どちらも「モデル」を使うことです。モデルとは、データや現象を表現する数学的な表現や枠組みのことです。別の言い方をすれば、モデルとは $y = f(x)$ のような形で表現される関数であり、入力データと出力の関係性を表現するために使用されます。

　つまり、モデルはデータを入力として受け取り、ある計算をおこなって結果を出力します。このように、入力と出力の関係性を関数として表す営みは、統計学的手法と機械学習で共通しています。

　一方、機械学習と統計学的手法は、目的が大きく異なります。機械学習の主な目的は、データからパターンや関係性を学習したモデルを構築し、未知のデータに対して予測や分類をおこなうことです。一方、統計学的手法の主な目的は、データからモデルを推定し、データの背後にあるメカニズムや現象を理解することです。一般的に、機械学習が大量のデータを扱うことが多いのに対し、統計学的手法を適用するケースでは、データの量が少ない場合もあります。また、機械学習が未知のデータに対する予測精度（汎化性能）を重視するのに対し、統計学的手法ではデータの背後にある現象を理解し、統計的な意味

を持つ推論をおこなうことが重視されます。つまり、**機械学習は高い精度を出すことに、統計学的手法は高い解釈性を出すことに重きを置いている**のです。

機械学習には、教師あり学習（Supervised Learning）と教師なし学習（Unsupervised Learning）の2つの主要なアプローチがあります。教師あり学習は、入力データとそれに対応する正解データ（教師ラベル）が与えられた状態でモデルを学習する手法です。

教師なし学習は、入力データに正解データ（教師ラベル）が与えられていない状態で、データの構造やパターンを自動的に発見する手法です。

教師あり学習と教師なし学習の最大の違いは、上述の通り、正解データ（教師ラベル）が与えられているか否かです。教師あり学習では、正解データが与えられているため、モデルは正解データとの誤差を最小化するように学習します。一方、教師なし学習では、正解データが与えられていない状態で、データの構造やパターンを発見します。

なお、教師あり学習における入力データを回帰分析の際と同様に説明変数（または特徴量）、出力データを目的変数と呼びます。**教師あり学習は、説明変数と目的変数の対応関係を学習し、説明変数に対して目的変数を予測する学習方法**と言い換えることができます。**教師なし学習は、説明変数のみを与え、背後にあるルールやパターンを抽出する学習方法**と言えます。

教師あり学習は、分類（Classification）と回帰（Regression）に分けることができます。分類では、入力データを事前定義されたクラスに割り当てる方法を学習します。例えば、顧客の属性データと利用状況のデータをもとに、顧客がサービスを解約するかしないかを予測するケースを考えます。この場合、予測したいのは、顧客が2つのクラス（解約する/解約しない）のどちらに属するかということです。一方、回帰では、連続的な値を予測する問題を解決します。このように、解決したい課題により、教師あり学習の分類と回帰を使い分けます。

ここからは、教師あり学習の代表的な手法の1つであり、ビジネスへの適用事例が多い決定木分析についてご紹介します。これは後述するアンサンブル学習のベースとなる手法であり、多くの機械学習手法の基礎となる手法ですので、ぜひ理解を深めてください。

第8章｜統計解析・機械学習の基礎③ 決定木分析・アンサンブル学習　169

決定木分析とは

　決定木分析は、データをルール（条件分岐）により分割していくことで、目的変数と説明変数の間にある関係性を捉えようとする分析手法です。ルールは説明変数と閾値によって定義され、図表8-1のようなルールに基づいた木構造が出力されます。

　図表8-1の決定木分析の目的変数は「発注が必要/不要」の二値であり、説明変数は過去の発注履歴のデータ（「商品カテゴリ」「在庫の数」「販売個数の前日比」）です。機械学習を使わない場合、人間が勘や経験に基づいてルールを決めてきましたが、決定木分析においてはルールを人間が決めるのではなく、データを最もうまく分割できるようデータに基づいて自動でルールと閾値が設定されます。

図表8-1　決定木分析のアウトプットイメージ

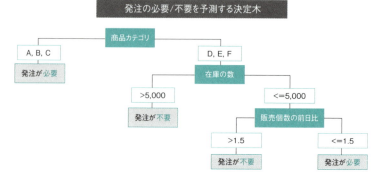

出所：筆者作成

つまり、「商品カテゴリ」「在庫の数」「販売個数の前日比」という説明変数や、「A・B・C以外」「5,000以上」「1.5未満」のような閾値は、過去の発注履歴のデータから「発注が必要／不要」をうまく分割できるように抽出されたルールです。このように、これまで人間がKKDでおこなってきたルール抽出を、データに基づいて最適な形でおこなえるのが機械学習であり、その手法の1つが決定木分析であると言えます。

また、決定木分析は、分類問題と回帰問題のいずれにも適用でき、それぞれ「分類木」「回帰木」と呼ばれます。図表8－2に分類木と回帰木の例を示

図表8-2　決定木分析における分類木と回帰木の違い

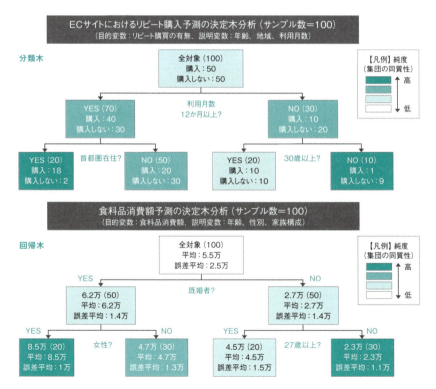

出所：筆者作成

します。

なお、分類問題については、「発注が必要／不要」「購入する／しない」のような二値分類だけではなく、「優／可／不可」「肥満／標準／やせ型」のような多値分類にも適用できますが、発展的な内容になるため、本書では二値分類の例を中心に説明します。

決定木分析のイメージがついてきたところで、決定木でできることについて詳細を見ていきましょう。決定木分析でできることは大きく2つあります。1つは、手元にあるデータ（過去の実績データや履歴データ）からルールを抽出し、構造化することです。例えば、「例年よりもAという製品の故障の問い合わせが多いため、その原因を特定する」ことが挙げられます。「故障の有無」を目的変数、「製造された工場」「販売された店舗」「利用時間」などを説明変数とした決定木を作成することで、どのような条件で故障が発生しやすいのかを特定し、改善するための施策を考えることができます。

決定木分析でできることの2つ目は、構築したモデルを用いて、新しいデータに対する予測をおこなうことです（これは決定木分析に限らず、機械学習全般で共通）。図表8－1で示したような決定木があれば、現在の状態に基づき、それぞれの商品カテゴリで発注が必要かどうか図表8－3のように判断できます。

図表8-3　決定木の新規データに対する適用のイメージ

No.	商品カテゴリ	在庫の数	販売個数の前日比	発注が必要かどうか
1	A	6,000	1.1	必要
2	B	1,000	0.8	必要
3	C	7,000	2.0	必要
4	D	5,500	1.3	不要

出所：筆者作成のダミーデータをもとに集計・作図

# 決定木分析のメリット

　ここまでの説明で、決定木分析のイメージがつかめてきたのではないでしょうか。決定木分析はビジネスで活用しやすい手法ですので、もう少し具体的な適用事例やメリットについて考えていきます。
　決定木分析でできることとして「ルール抽出・構造化」「新たなデータに対する予測」を挙げましたが、実際のビジネスではそれぞれ下記のような適用例があります。

- ●ルール抽出・構造化
    - ・故障原因の特定
    - ・優良顧客とそれ以外の見極め・違いの深掘り 等
- ●新たなデータに対する予測
    - ・サービス解約者の予測
    - ・商品売上の需要予測
    - ・ローンの審査 等

　ビジネスの広い領域で決定木が使われる理由としては、大きく「分析結果のわかりやすさ」「分析の取り組みやすさ」「計算時間の短さ」の3点が挙げられます。それぞれの理由について、以下で詳しく説明していきます。

①分析結果のわかりやすさ
　決定木分析は、前述の通り、木構造で結果を出力することができます。さらに、分岐をたどることで、最終的な結果を出力するまでの過程も理解できます。
　ルールの抽出・構造化と新たなデータに対する予測のいずれにおいても、

結果がわかりやすいことはビジネス上重要です。分析の現場では、関係者全員がAIやデータ分析に関する深い知見があるわけではありません。しかし、分析の結果を使って意思決定をおこなうためには、分析に詳しくない人にも分析結果を理解・納得してもらう必要があります。また、「なぜこのような判断になったのか」という判断根拠について説明が要求されるケースも多々あります。

例えば、金融犯罪対策のために多く活用されている機械学習について、最終的にそれぞれの銀行などの金融機関にはその取り組みを金融庁に報告・認可してもらう義務があります。金融機関側がより高精度な機械学習モデルを構築しても、金融庁側に説明できない、もしくは金融庁側がそれを理解できないという事態が発生するとせっかくの取り組みも認可がもらえず無駄になってしまう可能性もあるのです。そのため、多少精度が下がっても誰にでも理解可能なわかりやすい分析結果が得られる手法を採用するのは、ビジネスシーンでよく見られる意思決定です。

先ほどの例に戻ると、決定木分析は分岐のルールが明確であるため、「発注が必要なのは、商品カテゴリがA・B・C以外の場合、在庫の数が5,000未満、販売個数の前日比が1.5以下だからである」のように、判断の根拠を提示できます。この結果のわかりやすさこそ、決定木分析がビジネスシーンで多く用いられる一番の要因でしょう。

② 分析の取り組みやすさ

分析の手法によっては、前提条件や制約があるケースがあります。例えば、前章で紹介した回帰分析は分類に使えません。また、重回帰分析やロジスティック回帰分析では、説明変数として利用できるのは量的変数（数値）だけであり、質的変数（カテゴリ・文字列など）はダミー変数化する必要がありました。これに対し、決定木分析は分類・回帰のいずれにも適用できると共に、説明変数として量的変数・質的変数の両方を使うことができます。

また、重回帰分析やロジスティック回帰分析では、欠損値を含むデータをそのまま扱うことはできません。データに欠損値が含まれている場合、0や平均値などの値で補完したり、欠損値を含むレコードを削除するなどの対応

が必要です。しかし、ビジネスにおいて「データが欠損している」ことが意味を持つケースがあります。例えば、あるサービスを解約するかどうかを顧客の属性情報（例：年齢、性別、職業、収入）を使って分析する場面を考えます。収入のデータに欠損値が含まれている場合、顧客が収入の入力を拒否したことを表しています。

つまり、収入が極端に高い（または極端に低い）など、収入データを正しく入力してくれている人とは異なる特徴を持つ可能性があります。上述の例にロジスティック回帰分析を使う場合、欠損値を含むレコードを削除するか、平均年収や0で補完して分析をおこないますが、欠損値が本来持っていた意味を失う可能性があります。一方、決定木分析を使う場合には、「収入が欠損値である」という分岐条件を用意できるため、欠損値を欠損値として意味ある形で扱うことができます。

さらに、少し難しい話になりますが、重回帰分析では、線形性（説明変数と目的変数の間に直線的な関係があり、説明変数の変動に対応した目的変数の変動が一定であること）が仮定されています。そのため、モデルを作る前に、扱うデータについて線形性の仮定が満たされているかどうかを確認する必要があります。ビジネスにおいては、必ずしもすべての事象が線形性の仮定を満たすわけではなく、重回帰分析の適用がふさわしくないことがあります。これに対し、決定木分析は線形性を仮定していないため、ビジネス上で適用できる機会が多くなります。

③計算時間の短さ

最後に、モデル作成にかかる時間についても触れておきます。機械学習を活用するプロジェクトでモデルを1回作って終了になることはほとんどありません。モデル作成には試行錯誤がつきものです。つまり、説明変数やハイパーパラメータ（決定木の木の深さなど、人がモデル構築上設定する指標）を変更しながら複数のモデルを作成し、精度が高く解釈しやすいモデルを最終的に採用します。この時、1つのモデルを作成するのにかかる時間が長い場合、プロジェクトの期間内に試行錯誤できる回数が限定されます。

例えば、ディープラーニングのような複雑な手法であれば、1つのモデル

第8章｜統計解析・機械学習の基礎③ 決定木分析・アンサンブル学習　175

を作成するのにハイスペックなコンピュータを使っても数時間（データのサイズや説明変数の数によっては数日）かかることもあります。これに対し、決定木分析はスペックが高くないコンピュータであっても、数秒～数十分程度で1つのモデルを作成できます。短い時間の中で様々な条件で試行錯誤できる点は、スピード感が求められるビジネスの現場において大きなメリットと言えるでしょう。

　ここまで述べてきた通り、**決定木分析は、結果のわかりやすさと分析のしやすさという観点でビジネスと相性のよい手法である**と言えます。そのため、業種やテーマにかかわらず、多くのビジネスシーンで活用されているのです。

決定木分析の仕組み

Point 4

　ここまで、決定木分析の概要やユースケース、メリットについて触れてきました。ここからは、決定木の構築方法、つまり分岐に使われる説明変数や閾値がどのように決定されるのかを説明していきます。その前に、決定木分析で利用される用語について触れておきましょう。

　決定木の木構造にある箱は**ノード**と呼ばれます。決定木の仕組みを理解する上では、根ノード（ルートノード）・親ノード・子ノード・リーフノードという用語を理解する必要があります。まず、木構造の一番上にあるノードは根ノード（ルートノード）と呼ばれ、すべてのデータが含まれています。根ノードは1つ目の条件分岐により、2つのノードに分割されます。この時、分割前のノードを親ノード、分割後の2つのノードを子ノードと呼びます。親ノードに含まれていたデータは、ルールに基づいて2つの子ノードに振り分けられます。次に、1回目の分割によって作成された2つの子ノードがそれぞれ新たな親ノードとなります。2つの親ノードはそれぞれルールに基づいてさらに子ノードに分割されます。このように、1つの親ノードをルールに基づいて2つの子ノードに分割する工程を繰り返します。分割は人間が指定した回数、もしくはそれ以上分岐する必要がない状態（例：ノードに含まれるデータが一定数以下）になるまでおこなわれます。

　分岐がおこなわれないノードはリーフノード（またはリーフ）と呼ばれます（図表8-4）。リーフノードに含まれるデータに基づいて、分類や予測がおこなわれます。分類木の場合、リーフノードに含まれるデータについて、目的変数の各クラスのサンプルサイズの多数決を取ります。故障する/故障しないを予測する場合、あるリーフノードにおいて「故障する」が20レコード、「故障しない」が5レコードであれば、そのリーフノードにおけ

図表8－4　決定木におけるリーフノードの考え方

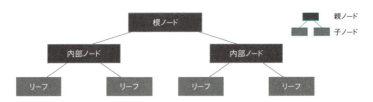

出所：筆者作成

る予測は「故障する」となります。回帰木の場合、リーフノードに含まれるデータについて、目的変数の平均値または中央値を取ります。例えば、家賃を予測する場合、あるリーフノードに含まれる20レコードの目的変数の平均値が8万円であれば、そのリーフノードにおける予測値は8万円となります。

　では、親ノードから子ノードへ分割する際のルールは、どのようにして決定されるのでしょうか。ここでは、分類の例で説明します。一言で表現すると、「多くの候補の中から、最もよい分割ができる説明変数と閾値を選択する」です。「最もよい分割」について考える上で、不純度という指標を使います。不純度は、決定木の各ノードにおけるデータの混合度合いを表す指標です。分類の場合は、あるノードに属するデータが複数のクラスに分類される割合を示し、回帰の場合は、そのノードに属するデータのばらつきの大きさを示します。代表的な不純度として、ジニ係数やエントロピーなどがあります。

　分類の場合の具体例では、XとYのどちらかに分類する時に、あるノードに10個のデータがあるとします。この時、「Xが9個、Yが1個」と「Xが6個、Yが4個」では、前者はほぼXが支配的なのに対し、後者は両者がほぼ半々であり、前者の不純度が低いと言えます。決定木では、親ノードから子ノードへの分割で、2つの子ノードの不純度が最も小さくなるように（＝2つの子ノードがどちらかのクラスに偏るように）、分岐に使う説明変数と閾値が決定されます。

　もう少しわかりやすくしてみましょう。図表8－5では、2つの説明変数

図表8-5　決定木分析におけるノード分岐の考え方①

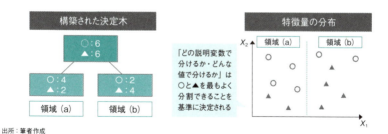

出所：筆者作成

　X_1とX_2を使い、12個のデータを2つのクラス（○と▲）に分類することを考えます。実際にはもっと多くの説明変数が使われますが、ここではわかりやすさのために2つの説明変数を使います。

　根ノードにおいては、○と▲が6個ずつ含まれています。この状態は不純度が高い状態であると言えます。ここで、根ノードを親ノードにして、2つの子ノードに分割します。12個のデータが含まれる領域を、1つの境界線で2つの領域に分けるとイメージしてください。X_1とX_2のどちらの説明変数を使いどの値を閾値にするかは、○と▲を最もよく分割できる（＝子ノードにおける不純度が小さくなる）ことを基準に決定されます。ここでは、X_1の中間あたりの値を使うのがよさそうです。境界線を引いて2つに分割した領域が子ノードになります。それぞれの領域に含まれるデータを見ると、領域（a）では○が、領域（b）では▲が多くなっています。

　次に、作成された2つの領域（子ノード）について、各領域の○と▲を最もよく分割できる境界線を探します。分割した結果、全部で4つのノードができ上がりました（図表8-6）。

　各ノードにおいて、○と▲のどちらかが多くなるように分割されていることがわかります（実際には、ここまできれいに分割できるケースは稀です）。こうした分割を、人間が指定した回数か、各ノードに含まれるデータサイズ（データの量）が一定以下になるまで繰り返します。これが、決定木が作成される仕組みです。

　1点だけ注意したいのは、実際のビジネスシーンでは、上記のように二変

図表8-6　決定木分析におけるノード分岐の考え方②

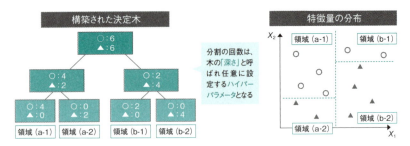

出所：筆者作成

数でおこなわれることは稀で、より多くの説明変数を用いて決定木を作成する点です。そのため、最初に分割した2つの子ノードをさらに2分割する際に、子ノードAは説明変数X_2で、子ノードBは説明変数X_3でといったように、異なる変数によって分割される可能性もあることをご理解ください。

決定木分析を実行する際の注意点

Point 5

決定木分析はビジネスで適用しやすい手法ではありますが、使う際には留意事項もあります。

まずは、**過学習が生じやすい**という点です。**過学習とはモデルが学習データに対して過剰に適合し、汎化性能を失うこと**を指します。決定木分析において、分割回数を多くする（＝木の深さを深くする）と、過学習が生じやすくなります。分割の回数が多くなるにつれて分岐条件が複雑になり、1つひとつのノードに含まれるデータが細分化されていくことをイメージするとよいと思います。細分化されるということは、それぞれのノードに含まれるデータが、学習データに含まれる特定のデータ（例：顧客分析における特定の個人）と紐づくことになります。そのため、未知のデータが入ってきた時に、正しく分類することが難しくなります。決定木において過学習が生じている場合には、分割回数を減らして（＝木の深さを浅くして）、分岐の条件をシンプルにすることで、過学習を抑制します。これを枝の剪定と呼びます（図表8 - 7）。

一方、過学習が生じないようにした決定木は、おおまかな予測しかできなくなります。分岐の回数を減らすことでデータを分割するルールの数が減るため、1つのノードに多様なデータが含まれます。その結果、予測が大雑把になりやすく、正確な予測が難しくなることがあります。

また、決定木は作成する際の学習データの影響を受けやすい手法です。データの分割を繰り返すため、1つ前の分割結果が変わると、後続の分割も変わります。つまり、学習データが少し変更されただけで、分岐に使われるルールが変わり、異なる決定木が作られます。異なる分岐条件を持つ決定木が作成されると、木構造の解釈の際、どの分岐条件を信用して解釈すればい

図表8-7　決定木分析における枝の剪定

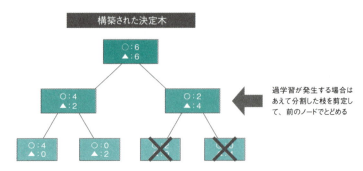

出所：筆者作成

いのかの判断が難しくなります。このように、決定木は非常に便利な手法である一方、使う際には注意が必要です。

アンサンブル学習とは？

ここまで、決定木分析について説明してきました。**決定木分析は分析結果がわかりやすく、解釈性が高いというメリットがある一方で、過学習しやすい・データの変化に影響を受けやすいなどのデメリットもあります**。こうしたデメリットに対応できる学習方法がアンサンブル学習です。

本節では、アンサンブル学習の概要と、その中でも代表的な手法であるランダムフォレスト、勾配ブースティングについて説明していきます。いずれの手法も決定木分析をベースにしていますが、決定木分析が持っている弱点を補える点が特徴です。また、現在のビジネスシーンの多くのユースケースで予測モデルとして採用されているのはこのアンサンブル学習ですので、特に意識して本節の学習を進めてください。

アンサンブル学習は、複数の機械学習モデルを組み合わせて1つの予測や分類をおこなう手法のことを指します。つまり、複数のモデルを作成し、それぞれが独自の予測をおこなった上で、それぞれの予測結果を組み合わせることで最終的な予測結果を得る手法です。

アンサンブル学習の特徴は大きく2点あります。

特徴① 未知のデータに対して高い予測精度を出せる

1点目は、**単一の機械学習モデルと比較して過学習を起こしにくく、未知のデータに対して高い予測精度を出せる**（＝汎化性能が高い）点です。ビジネスにおいて機械学習を導入する際には、予測精度の高さが重要視されることが多くあります。例えば、これまで人間がおこなってきた製品の需要予測を機械学習で代替する場合には、人間と同程度、もしくは人間よりも高い精度で予測することが要求されます。そうしないと、機械学習の開発にかけた

コストを回収できなくなるためです。このようなケースで決定木分析を適用すると、結果はわかりやすいものの予測精度が人間よりも必ずしも高くなるわけではありません。決定木は過学習しやすい手法であるため、過学習しないよう分割回数を少なくする（木の深さを浅くする）と、分岐のルールが単純なものになり、予測精度が低くなってしまうためです。このようなケースでは、決定木分析よりもアンサンブル学習の方が適しています。同様に、予測精度の高さを競うコンペティション（KaggleやSIGNATEなど）においても、ほとんどの上位入賞者はアンサンブル学習を使っています。このように、予測精度の高さが求められているビジネスケースでは、アンサンブル学習が適していると言えます。

特徴②　結果の解釈が難しい

　アンサンブル学習の特徴の2点目は、**単一の機械学習モデルよりも複雑なため、結果の解釈が難しい**ことです。アンサンブル学習は複数のモデルを組み合わせて1つの予測結果を出力するため、回帰分析の回帰係数や決定木分析の木構造のように、容易に解釈できる係数や構造を出力できません。そのため、決定木分析と比較して、「なぜそのような予測結果になったのか」を解釈することが難しくなり、モデルの解釈性が低くなりがちです。これはアンサンブル学習のデメリットであると言えます。

　アンサンブル学習を使う際には、後述する「変数重要度」や「SHAP」などの指標を利用し、間接的にモデル結果の解釈をおこないます。解釈性が重要視される場合には、回帰分析や決定木分析のようなシンプルで結果がわかりやすい手法を適用することを検討するべきシーンも多く、精度と解釈性というバーターの関係を意識しながらユースケースに応じて採用する分析手法を選択することが予測モデル構築の際の分析者のスキルの1つであることは否めません。

アンサンブル学習の種類と代表的な手法

それでは次に、アンサンブル学習の種類や代表的な手法の概要を説明していきます。アンサンブル学習は、大きくバギング（Bagging）、ブースティング（Boosting）、スタッキング（Stacking）の3種類に分けられます。

ここでは、それぞれの考え方について説明した上で、バギングとブースティングについては決定木分析を応用した手法であるランダムフォレストと勾配ブースティングをより詳細に説明します。

①バギング（Bagging）

バギングとは、お互いに関係しない独立した複数のモデルを作成し、それぞれの予測結果を使って多数決で判断することで予測精度を向上させる手法です。バギングを使った代表的な手法として、ランダムフォレスト（Random Forest）があります。ランダムフォレストは、決定木分析に対してバギングを適用した手法で、複数の木（1つひとつの木が個々の決定木分析の結果）があるからフォレスト（森）ができるという、わかりやすいネーミングです。

ランダムフォレストは、もととなるデータからランダムに抽出したサンプリングデータを使って独立した決定木を複数個構築し、それぞれの決定木の予測値を統合（多数決）して分類をおこなう手法です。ランダムフォレストも、決定木と同様に分類問題・回帰問題のいずれにも適用できます。図表8－8では、分類問題を使って説明します。

ランダムフォレストでは、サブデータセット作成・決定木の作成・予測の統合の大きく3つの工程があります。まず、もとのデータからランダムにレコード（データ行）を抽出してサブデータセットを作成します。ランダムに抽出しているため、サブデータセットごとに含まれるレコードが異なり、各

図表8-8　ランダムフォレストの予測イメージ

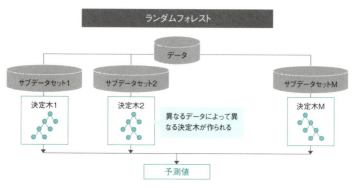

出所：筆者作成

サブデータセットごとに多様性が得られるわけです。また、復元抽出という方法で抽出するため、同じデータが別のサブデータセットに含まれることもあります。つまり、もとのデータセットの1レコード目のデータが、サブデータセット1にもサブデータセット5にも含まれるといったことが起こります。この復元抽出によってサブデータセットはさらに多様性を増します。

抽出したそれぞれのサブデータセットに対し、今度はカラム（データ列）をランダムに抽出します。例えば、もとのデータに年齢・性別・利用月数といったカラムがあった場合、サブデータセット1では年齢と性別、サブデータセット2では性別と利用月数といったように、一部のカラムのみを抽出します。このように、ランダムに抽出してサブデータセットを作成することで、サブデータセット間の関係性が弱くなります。つまり、ランダムに抽出することで、独立した複数のサブデータセットを作成できるのです。

サブデータセットができたら、それぞれのサブデータセットを使って決定木を作ります。それぞれのサブデータセットは元データからレコード（行）とカラム（列）をサンプリングして作成されているため、全データを使った場合に比べると、1つひとつの決定木は予測精度が低くなります。しかし、独立した複数の決定木の多数決を取ることで、1つひとつの決定木の予測精

図表8-9　ランダムフォレストにおける各木から得られた結果の多数決のイメージ

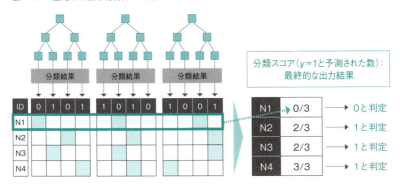

出所：筆者作成

度が低かったとしても、最終的な出力結果の精度は高くなります。

　例えば、図表8-9のN1を見てみましょう。N1の結果が0だったとして3つの決定木すべてで0と予測されており、多数決の結果も問題なく0と予測されます。一方で、N2を見てみましょう。N2の正解が1だったとします。1つひとつの決定木を見ると、一部の決定木は0を出力しており、誤った予測結果を出しています。しかし、残りの2つの決定木は正しく1と予測しているため、複数の決定木の出力の多数決を取ることにより最終的な出力は1になります。このように、独立した決定木の出力の多数決を取ることで、一部の決定木が誤った出力をしても、最終的な出力は正しいものを選べるようになります。

　ランダムフォレストのメリットは、汎化性能の高さです。複数の木の多数決を取ることにより決定木と比較して過学習が生じにくく、未知のデータに対しても高い精度で予測できます。また、同時並行で複数の決定木を作成できるため、後述の勾配ブースティング木よりも学習にかかる時間が短くなります。

　一方で、ランダムフォレストでは、複数の決定木の結果を統合して1つの予測をおこなうため、1つひとつの決定木について解釈をおこなっても最終

結果と必ずしも紐づかないため意味がありません。そのため、決定木と比較して、結果の解釈性が落ちる点がデメリットです。また、1つひとつの決定木はもとのデータから行と列をサンプリングしたサブデータセットを使って学習しています。そのため、元々のデータ量が極端に少なかったり、説明変数の種類が少ない場合、サブデータセットから作成される決定木の学習がうまくいかないことがあります。後者のような弱点に対応できるアンサンブル学習が、次に紹介するブースティングです。

②ブースティング（Boosting）

　ランダムフォレストなどのバギング手法は、過学習に強い反面、サブデータセットへの分割による多様性担保のためにデータ量が少ない場合は学習不足になることがあるモデルでした。これからご紹介するブースティングというアンサンブル手法は、そのような学習不足の問題に対して強い側面を見せる手法です。

　別々のサブデータセットから独立した複数のモデルを作成していたバギングとは異なり、ブースティングは非独立な複数のモデルを作成します。バトンが次々と渡されていくリレーのように、前回のモデルの予測結果を次のモデルが引き継ぐ形で学習を進めていくイメージです。前回構築したモデルの悪い点を反省し、徐々に予測精度を向上させていきます。ブースティングを使った代表的手法として、勾配ブースティング木（勾配ブースティングの中でも個々のモデルを決定木をベースにして作る）という手法があります。ランダムフォレストは複数の決定木を複数のサブデータセットから独立して作成していたのでフォレスト（森）という名が冠されていましたが、勾配ブースティング木はアンサンブル学習ではあるものの「木」のままです。まるで小さな木がより大きな木に成長するように、前回の決定木モデルの結果を引き継いで次のモデルが学習していく特徴が手法名にも表れています（図表8－10）。

　勾配ブースティング木では、複数の決定木を学習させる際、前の決定木が間違えた情報を次の決定木に渡していきます。ここで言う前の決定木が間違えた情報とは、その段階での決定木が出力した予測結果と目的変数との誤差

図表8-10　勾配ブースティング木の予測イメージ

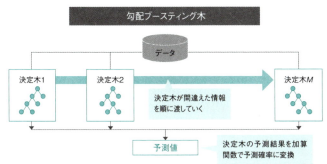

出所：筆者作成

を指します（正確には、損失関数という関数を使って予測誤差を計算します）。予測を間違えたデータに対して、より誤差が少なくなるような予測を次の決定木でおこなうという工程を、指定した回数繰り返します。このように、予測誤差の算出とその誤差を踏まえた再構築を繰り返しながら学習を進めることで、予測の誤差を減らすようにモデルの改善が進み、予測精度が向

図表8-11　勾配ブースティング木における学習のイメージ

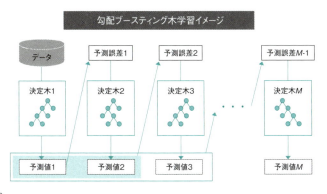

出所：筆者作成

第8章｜統計解析・機械学習の基礎③ 決定木分析・アンサンブル学習　189

上する仕組みになっています（図表8 - 11）。

　勾配ブースティング木のメリットとして、高い予測性能や前処理の容易さ、予測性能と解釈性のバランスのよさがあります。勾配ブースティング木は複数の決定木を組み合わせることで高い予測性能を発揮でき、回帰問題にも分類問題にも使用することができます。それに加えて、様々な改良モデルが開発されており、その中には欠損値を持つデータをそのまま扱えるものもあります（XGBoostやLightGBMと呼ばれる手法が該当します）。また、決定木をベースにしているため、後述する変数重要度と呼ばれる指標を算出でき、どの特徴量がモデルの予測に寄与しているのかを解釈することができます。例えば顧客のサービスからの離反を予測する時、「どのような特徴を持つ顧客が離反しやすいのか」を解釈することで、離反防止施策を考える材料にすることができます。

　一方、勾配ブースティング木にはモデルの複雑性がやや高いことに起因するデメリットがあり、主なものとして計算時間の長さや過学習に陥りやすいこと、分析者が設定するハイパーパラメータ数が多く、調整がやや難しいことなどが挙げられます。勾配ブースティング木は並列して複数の決定木を学習させるランダムフォレストと異なり、順番に決定木の学習を進めていくため、計算時間がランダムフォレストと比べて長くなる場合があります。また、予測の誤差を減らすよう学習を深く進めていくことで学習不足を回避できる反面、過学習に陥るケースもあるといった良しあしがあります。過学習を回避するために学習を途中で止める（早期打ち切り）こともあります。その他、過学習に影響する大きな要素としてハイパーパラメータの設定があります。決定木などのシンプルなモデルとは違い、勾配ブースティング木は多くのハイパーパラメータを持ち、最適なパラメータ設定を探すことは専用の探索手法（Grid Search, Optunaなど）を使っても時間がかかることが多いため、時間的制約がある中でできる限り望ましいパラメータ設定を探すのに苦労するケースがあります。

　ここまで見てきたように、勾配ブースティング木には一定のデメリットがあるものの、それをはるかにしのぐ多くのメリットがあります。その使いやすさから多くの分析者に支持されており、現時点で予測モデルのデファクト

スタンダードとも言える地位にあります。

　例えば、Microsoftは勾配ブースティング木の改良版であるLightGBMを用いて、検索エンジンであるBingのランキングを改善しています。ロジスティック回帰分析や決定木分析ではいまいち予測精度が向上しないといった悩みに直面した場合には、一度、勾配ブースティング木を試してみることでブレイクスルーが得られるかもしれません。

③スタッキング（Stacking）

　最後に紹介するスタッキングは**アンサンブル学習の1つで、複数の異なるモデルを段階的に組み合わせて最終的な予測をおこなう手法**です。バギング手法であるランダムフォレストでは複数の異なる決定木を作成し、それらの多数決や平均値を取ることで最終的な出力結果を得ていました。一方スタッキングは、より高度な形で予測結果の統合を実現します。スタッキングはモデルを階層的に構成しており、最初の段階のモデルをベースモデルと呼び、ベースモデルの入力を受け取る次の階層をメタモデルと呼びます。

　図表8－12は、シンプルな2階層のスタッキングモデルのイメージです。この例では、ベースモデルとして決定木分析とロジスティック回帰分析が使われており、メタモデルにロジスティック回帰分析が使われています。このスタッキングモデルの学習工程は、ベースモデルの学習とメタモデルの学習の2段階に分かれます。

　まず、レイヤーごとに使用するデータを変えるため、学習データを2分割します。そのうちの片方を用いて各ベースモデルで学習をおこないます。学習が完了したらもう片方のデータに対してベースモデルによる予測値を算出します。ここでは決定木によって予測された予測値1と、ロジスティック回帰で予測された予測値2がそれぞれ出力されます。ここまでが1段階目です。次に、先ほど算出された予測値1および予測値2を新たな特徴量としてメタモデルのロジスティック回帰分析で学習をおこないます。このようにして様々なモデルを段階的に組み合わせる手法がスタッキングです。

　ランダムフォレストにおいてサブデータセットから作成される複数のモデルは、基本的にすべて決定木アルゴリズムを使用していました。一方、ス

第8章｜統計解析・機械学習の基礎③ 決定木分析・アンサンブル学習　191

図表8-12　スタッキングのイメージ

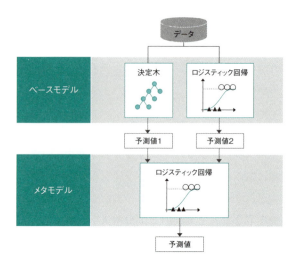

出所：筆者作成

タッキングの1段階目であるベースモデルには上記のように異なるアルゴリズムを用いることも、同じアルゴリズムで異なる特徴量のモデルを用いることもできます。今回の例では2段階でしたが、より多くの階層を重ねたモデリングも可能です。スタッキングは、異なるモデルの異なる特性を同時に利用することで個々のモデルの弱点を補い、予測精度向上を狙うモデリング手法であると言えるでしょう。今回の例の中には、決定木分析とロジスティック回帰分析という比較的シンプルなモデルを用いましたが、例えばベースモデルにランダムフォレストを使用し、メタモデルに勾配ブースティング木を使用するといった、これまで見てきたアンサンブル学習を組み合わせることも可能です。その柔軟なモデリングと予測精度の向上がスタッキングのメリットだと言えるでしょう。

スタッキングのデメリットは、計算量が多いことや構築コストが高いことです。例えば3段階のスタッキングモデルとして、ベースモデルのレイヤーから順に10個・3個・1個の合計14個のモデルで構成されたモデルを作成す

ることを考えましょう。皆さんはベースモデルとして使用する10個のモデルそれぞれの特徴量を設計する必要があり、それに加えて14個のモデルすべてのアルゴリズムを選択・設計する必要があります。また、各モデルのハイパーパラメータのチューニングをおこなう必要もあります。モデルが増えると作業量は増大しますから、多段・多数のベースモデルを持つスタッキングは構築コストが高いことは容易に想像できるでしょう。最初からスタッキングを実装することを目指すのではなく、まずはバギングやブースティングによるアンサンブル学習の手法を実装し、その結果を見てからスタッキングの導入が必要かを考えるとよいでしょう。

　ここまで、スタッキングについて見てきました。スタッキングは計算量が多く構築コストもかかりますが、適切に作成できれば非常に高い精度が出せる高度なモデリングです。ランダムフォレストや勾配ブースティング木を使いこなせるようになった後、さらにそれらの弱点を補う必要が出てきた際にはスタッキングモデルの構築を検討してもよいでしょう。

第8章｜統計解析・機械学習の基礎③ 決定木分析・アンサンブル学習　193

アンサンブル学習における結果の解釈

　アンサンブル学習は複数のモデルを組み合わせて1つの結果を出力するため、単一の決定木の木構造のように、解釈しやすい構造を出力することができないことはこれまでにも触れてきました。アンサンブル学習は予測精度の高さが特徴ですが、一方でビジネスシーンにおいてはモデルの解釈性（＝予測の根拠）が求められるケースが多くあります。ここでは、アンサンブル学習の結果の解釈に使われる代表的な3つの指標を紹介します。

①変数重要度（Variable Importance/Feature Importance）

　最初に紹介する変数重要度とは、決定木や決定木をベースにしたアンサンブル学習において、どの説明変数が重要かを相対的に評価する数値指標です。それぞれの説明変数の変数重要度は、決定木の分岐における不純度の減少量をもとに計算されます。つまり、親ノードから子ノードへの分割において、効果的な分割（＝不純度が小さくなる分割）に使われた説明変数は、変数重要度が高くなります。変数重要度が高い説明変数は、効果的なデータの分割に寄与したとも言えます。

　変数重要度を使う際の注意事項としては、変数重要度はあくまで変数の相対的な重要度合いを示しているだけであり、説明変数の変動が目的変数に対してどのように寄与するのかまでは示せないことです。

　ここでは、ECサイトの顧客に対してマーケティング施策をおこなう場合のターゲット顧客抽出を例として考えてみましょう。蓄積されたデータをもとにアンサンブル学習を用いて顧客一人ひとりに対して、商品を購入してくれる確率を予測します。

　利用可能なデータは、history：昨年の購入金額、recency：前回の購入から

図表8-13　変数重要度のイメージ

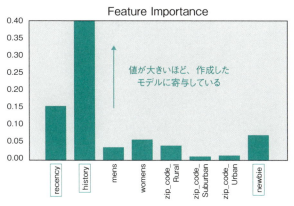

出所：筆者作成のダミーデータをもとに集計・作図

の月数、mens/womens：性別のダミー変数、zip_code_Urban/Suburban/Rural：都会/郊外/田舎のいずれかに住むかを示すダミー変数、newbie：直近12カ月以内に入会した新規会員かどうか、です。それでは、分析の結果得られた変数重要度の結果を見ていきましょう（図表8－13）。historyの変数重要度が高くなっていますが、変数重要度の結果だけでは、historyの値が大きくなった場合と小さくなった場合のどちらで目的変数であるメルマガへの反応率が上がるのかまでは解釈できません。そのため、説明変数と目的変数の関係まで含めて解釈する場合には、変数重要度だけでなく、追加で基礎集計の結果が必要です。

②部分依存性（Partial Dependence）

次にご紹介するのは部分依存性です。**部分依存性とは、特定の説明変数が予測に与える影響を可視化する手法**の1つです。他の説明変数を固定した状態で、ある説明変数を動かした場合、モデルの予測がどのように変化するかをグラフ化します。部分依存性は決定木をベースにしたアンサンブル学習以外にも適用できます。部分依存性を確認することで、変数重要度だけでは捉

図表8-14 部分依存性のイメージ

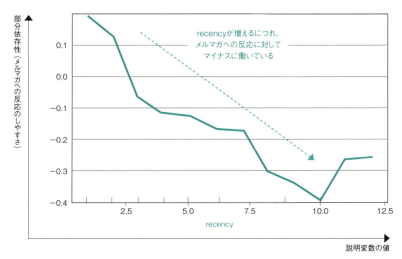

出所：筆者作成のダミーデータをもとに集計・作図

えられなかった「それぞれの変数の増減がモデルの結果にどのような影響を及ぼすか」を把握できます（図表8－14）。

部分依存性はモデルの解釈の手助けになる一方で、個々の説明変数が予測に対してどのように寄与しているかを見ているため、使用する説明変数の数が多くなると全量を確認することは難しくなります。また、説明変数を単独で評価するため、説明変数間の相互作用（例：説明変数Aが一定の値以上だと、説明変数Bの値が予測に対して大きな影響を与える）を評価することまではできません。さらに、部分依存性はあくまで説明変数と予測結果の相関関係を示しているだけであり、因果関係までは示していない（疑似相関の可能性もある）ことにも留意する必要があります。

③ SHAP（SHapley Additive exPlanations）

最後にご紹介するのはSHAPです。**SHAPは、個々の特徴量が予測に対してどのように貢献しているかを評価する手法**で、Shapley Valueと呼ばれ

るゲーム理論から派生した考え方をベースにしています。Shapley Valueとは、複数の要素が協力してある目的を達成する時に、各要素がその目的に対してどの程度貢献したかを評価する手法です。この考え方をモデルの解釈に適用したものがSHAPです。

SHAPは、決定木をベースにした手法以外でも適用でき、変数重要度と部分依存性の両方のメリットを持つ手法です。つまり、個々の説明変数が予測に対してどの程度寄与したかを知ると共に、個々の説明変数の増減が予測に対してどのように影響するのかを評価できます（ただし、厳密には計算方法が異なるため、変数重要度とSHAPとでは結果が微妙に異なる可能性があります）。また、SHAPについても部分依存性と同じく、説明変数と予測結果の相関関係を示しているだけであり、因果関係までは示していないことに留意する必要があります。

SHAPにはいくつかの出力がありますが、ここではその中でサマリプロット（Summary Plot）と呼ばれる最も一般的な出力について説明します。図表8－15の通り、縦軸に特徴量、横軸にSHAP値（目的変数への影響度）が示され、そこに色づけがされた点がマッピングされています。まずは縦軸について見ていきましょう。縦軸は上から順にモデルへの貢献度が大きい特

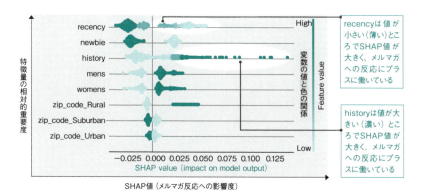

図表8-15　SHAPのサマリプロットのイメージ

出所：筆者作成のダミーデータをもとに集計・作図

第8章　統計解析・機械学習の基礎③ 決定木分析・アンサンブル学習　197

徴量が並びます。つまり、最もモデルの予測において重要な役割を果たすのはrecencyという特徴量であり、最も貢献度が低いのはzip_code_Urbanという特徴量だということになります。まさに変数重要度で見てきたような内容を同様に確認できます。

　次に横軸と個々の点の色合いについて確認しましょう。これが部分依存性と同様の要素を表したものです。例えば、recencyについて着目すると、値が大きい（図では濃い）ほど、メルマガ反応への影響度が低い（メルマガに反応しない）ことがわかります。一方で、recencyが小さい（図では薄い）ほど、メルマガに反応しやすくなることがわかります。それぞれの特徴量によって着色されたバーが細かったり太かったりすることがわかると思いますが、これは点1つひとつが実際のデータ1点1点に対応しており、その条件に合致するデータが多い箇所ほど太くなるというデータ密度を表しているためです。つまり、幅が太い箇所ほどサンプル数が多いことを示します。

　アンサンブル学習は線形回帰や決定木と比較すると解釈性が落ちるものの、上述した指標を補助的に使うことで、モデルの結果を解釈できるようになります。近年では、予測の精度と解釈性の双方が求められるケースも増えています。その際には、「アンサンブル学習を使って高い予測精度を出しつつ、SHAPを使って結果を解釈する」という分析が有効です。さらに、XAI（Explainable AI、説明可能AI）と呼ばれるモデルの結果解釈について研究する領域は、機械学習関連で注目を集めている領域の1つですので、今後研究が進む中でよりよい解釈の指標が出てくることも期待できます。

Point 9 予測の精度検証

　第7章、第8章を通してここまでいくつかの予測モデルについて学んできました。各手法の説明で解釈性と精度のバランスが大事と話してきたにもかかわらず、ここまで精度の検証方法についてはほぼ触れてきていません。理由としては、各手法の内容にかかわらず多くの予測モデルでは同じ方法論で精度の検証が可能なため、最後にまとめて説明しようと考えたからです。本節では、予測モデルの最後の節として、精度検証の考え方について説明します。

　まずは、改めてモデル構築のステップに立ち返りましょう。第7章の最初でも述べたように、予測モデルの構築の際には学習用と検証用にデータを分割し精度検証を可能にすることが一般的です（図表8－16）。

図表8－16　予測モデルの構築ステップ（図表7－2再掲）

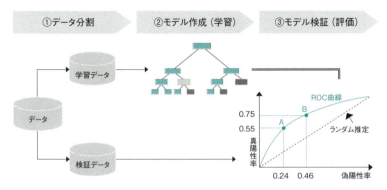

出所：筆者作成

データ分割に際しては、データを8：2ないしは7：3程度の比率で2分割し、学習用と検証用にそれぞれ用いることが多くあります。背景としては、多くのビジネスシーンではデータ量が十分でなく、限られたデータ量で分析しなければならないからです。限られたデータで予測モデル構築をおこなう場合には、できるだけ学習データ側を増やし、学習に足るデータ量を担保したいため、データ分割の際も8：2といった極端な比率にデータを分割します。つまり、この比率は絶対ではなく、十分にデータ量が担保できている際には、データ分割の比率は5：5でも問題ありません。

他にも、より丁寧に精度を検証したい際には、データを3分割（学習データ、検証データ、テストデータ）し、多段階で予測モデルの精度を検証することもあります。当然、予測精度をしっかりと確認できるようになる反面、データを3分割にする性質上、それぞれの分割後のデータ量は少なくなりがちで、十分なデータ量が担保できている場合にしか取れないアプローチと言えます。

また、より高度なデータ分割の方法として、クロスバリデーションという手法があります。このクロスバリデーションは予測モデル構築に用いることができるデータ量が少ない場合に特に価値を発揮します。クロスバリデーションは学習データと検証データの分割を複数の組み合わせ用意し、それぞれについて同じアルゴリズムを用いて学習させ、その平均で精度検証をおこなう手法です。

最終的にテストデータで検証する場合には、学習データと検証データを合わせて、同様の条件でモデル作成をやり直します。データ数が少ない場合にあまり細かく分割しすぎると検証データの数が少なくなり、検証精度が偏ってしまう危険性があります。クロスバリデーションを用いることによって、テストデータ以外のすべてのデータが一度は検証データとして使用されることになります。つまり、一般的なデータ2分割による検証の場合と比較して検証データとして用いるデータが多くなるため、より汎化性能の高いモデルの作成が可能なのです。

それでは次に、実際にどのように精度を検証していくのかを見ていきましょう。精度検証に用いる指標は、重回帰分析のような連続値の予測なの

か、ロジスティック回帰分析のように二値の予測なのかによって大きく検証方法が分かれます。

まず、連続値の予測の場合を見ていきましょう。基本的な考え方としては、得られた予測結果と実際の数値の差がどれだけあるかをいろいろな指標を用いて検証していきます。小売店の売上予測であれば、予測モデルを用いて算出した売上の予測値と売上実績を比較します。用いる指標としては決定係数（R^2）の他にも平均絶対誤差（MAE）や平均二乗誤差（MSE）など、多くの指標が提唱されています。決定係数は最も計算が簡単ですが、多くのケースではより精緻な精度検証が可能なMAEやMSEが使われることが多いのが実情です（図表8−17）。

次に二値予測の場合の精度検証方法について述べていきます。二値予測の際に最も用いるのが混同行列（Confusion Matrix）という考え方です。混同行列は予測結果における1/0と実績における1/0の2×2のマトリクスを用いて精度を検証する方法です。

図表8−18のように予測結果と実際の結果の1/0の組み合わせを見た時、4つの箱をそれぞれ次ページのように呼びます。

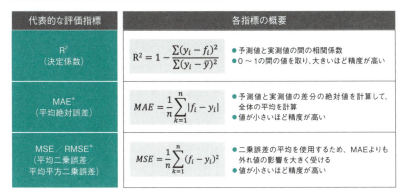

図表8−17　連続値の予測モデルでの精度評価指標

＊MAE: Mean Absolute Error, MSE: Mean Square Error, RMSE: Root Mean Square Error
出所：筆者作成

| 図表8-18 | 混同行列（Confusion Matrix）と評価指標 |

	混同行列			混同行列を用いた指標		
件数	実際の結果 Yes	実際の結果 No		正解率 (Accuracy)	$\dfrac{TP+TN}{TP+FP+FN+TN}$	●全ての判定対象のうち、正しく予測された件数
予測結果 Yes	①真陽性 (TP) (True Positive)	②偽陽性 (FP) (False Positive)		誤分類率 (Misclassification rate)	$\dfrac{FP+FN}{TP+FP+FN+TN}$	●全ての判定対象のうち、誤って予測された件数
				適合率 (Precision)	$\dfrac{TP}{TP+FP}$	●YESと予測されたもののうち、正しく予測された件数
予測結果 No	③偽陰性 (FN) (False Negative)	④真陰性 (TN) (True Negative)		再現率 (Recall)	$\dfrac{TP}{TP+FN}$	●実際はYESだったもののうち、正しくYESと予測されたものの件数
				F値	$2\times\dfrac{適合率\times再現率}{適合率+再現率}$	●再現率と適合率の調和平均

出所：筆者作成

①真陽性（True Positive：TP）：予測結果も実際の結果も1

②偽陽性（False Positive：FP）：予測結果は1だったが、実際の結果は0

③偽陰性（False Negative：FN）：予測結果は0だったが、実際の結果は1

④真陰性（True Negative：TN）：予測結果も実際の結果も0

　上記の4つの区分を用いて、図表8-18右側の各評価指標を計算します。特に重要な正解率（Accuracy）、適合率（Precision）、再現率（Recall）の3つについて理解を深めましょう。正解率はすべてのデータを母数として、実際に1を1と予想できたもの、0を0と予想できたものの比率がトータルでどれくらいあるかを計算しているわかりやすい指標です。これが高ければ高いほど精度がよいモデルであることは容易に理解できるでしょう。それでは、適合率と再現率についてはどうでしょうか。それぞれ、予測が1であったもののうちどれだけ実績も1であったか、実績が1であったもののうちどれだけ1と予測できていたかを示しており、正解率よりはデータを絞り込んだ形の精度を検証しています。これはデータ活用の目的次第でより重視すべき観点が異なってくるためです。

　例えば、マーケティングにおける顧客ターゲティングを例に考えると、限

られたマーケティング予算の中で最も効果的な結果を得るためには、1（マーケティング施策に反応してくれる）と予測した中で、実際の結果が1（実際にどれだけが反応してくれるか）の顧客をどれだけ多くできるかという適合率が重要であると考えられます。一方、金融機関における不正検知の場合はどうでしょう。なるべく1件も逃さず実際の結果が1（不正が発生した）のものを判定したいと思うのではないでしょうか。そういった際には、再現率を用いることが適切と考えられます。このように、ビジネスケースに応じて混同行列内の数値を組み合わせて適切な精度指標を選択することが重要です。

　モデルを精度評価する方法として、もう1つROC曲線とAUCについてもご紹介します。ROC曲線とAUCを理解するには、まず真陽性率と偽陽性率について理解を深める必要があります。真陽性率・偽陽性率についても先ほど同様に混同行列を用いて考えます。真陽性率は実際の結果が1であるものを正しく1と予測できた割合（再現率と同じ定義）であり、偽陽性率は実際の結果が0であるものを間違って1と予測した割合です。直感的にも理解できると思いますが、この2つの指標はどちらだけを見ればいいものではなく、真陽性率が高くて偽陽性率が低いモデルがよいモデルであると言えます（図表8 - 19）。

　第7章5節ロジスティック回帰分析のところで述べた通り、二値予測では予測結果は0 〜 1の確率で表現され、その確率がカットオフ値という閾値よ

図表8−19　真陽性率と偽陽性率

混同行列		
件数	実際の結果 Yes	実際の結果 No
予測結果 Yes	①真陽性(TP) (True Positive)	②偽陽性(FP) (False Positive)
予測結果 No	③偽陰性(FN) (False Negative)	④真陰性(TN) (True Negative)

● 真陽性率（True Positive Rate）　※計算方法は再現率と同じ

$$\frac{TP}{TP + FN}$$

実際の結果がYesであるものを正しくYesと予測した割合

● 偽陽性率（False Positive Rate）

$$\frac{FP}{FP + TN}$$

実際の結果がNoであるものを間違ってYesと予測した割合

偽陽性率が低く、真陽性率が高いほうが良いモデルと言える

出所：筆者作成

第8章｜統計解析・機械学習の基礎③ 決定木分析・アンサンブル学習　203

り大きいか小さいかで1/0の最終的な判定をおこなっていました。このカットオフ値を変更していくと、どのデータは1と判定されるかの結果が変わるため混同行列の内訳が変わり、真陽性率・偽陽性率の数値も変化します。このカットオフ値を変化させた際の真陽性率・偽陽性率をグラフに表現したのがROC曲線（Receiver Operating Characteristic Curve）と呼ばれるものです。

　ROC曲線は縦軸に真陽性率、横軸に偽陽性率を取るグラフです。全くのランダムの場合を考えると真陽性率と偽陽性率は一致しますので、必ずグラフの対角線上を取ります。一方、構築した予測モデルが優秀であればあるほど、低い偽陽性率・高い真陽性率が実現できますので、グラフの左上にカーブを描きます。このように、視覚的に予測モデルの精度のよさを確認できるのがROC曲線の特徴です（図表8－20）。

　一方、実際のモデル構築の現場では、複数のモデルを構築して精度比較をおこなうことも多いのが実情です。その際、ROC曲線を複数描きシンプルに良しあしが判断できればいいのですが、場合によってはROC曲線同士が横軸を大きくするにつれて交わってしまい、視覚的にはどちらが大きいか一見しただけでは判断がつかないことも出てきます。そういった場面で便利なのがAUCと呼ばれる指標です。

　このAUC（Area Under the Curve）は、ROC曲線と横軸で挟まれる領域の面積を数値化したもので、これが大きいほど精度の高いモデルであること

図表8-20　ROC曲線

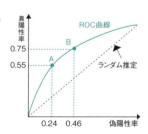

- ●ROC曲線（Receiver Operating Characteristic Curve）
  - ーカットオフ値を変化させた場合のモデルの真陽性率（縦軸）、偽陽性率（横軸）をマッピングした曲線
  - ー偽陽性率が低い段階で、高い真陽性率が得られるモデルは良いモデルであると言える
  - ーランダムに推定した場合、ROCは直線になる

出所：筆者作成

図表8-21　AUCによる複数モデルの精度比較

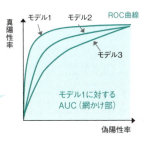

● AUC (Area Under the Curve)
ROC曲線と縦軸・横軸で囲まれた部分の面積であり、AUCは0から1の値を取る。ランダムに推定した場合のAUCは0.5となり、面積が大きいほど(値が1に近いほど)良いモデルであると言える

ROC曲線において偽陽性率が低い段階で高い真陽性率を実現し、AUCにおいて最も面積の大きいモデル1が、最も性能が良いと評価できる

出所：筆者作成

を示します。AUCは最大で1を取る指標で、ランダム予測の場合は0.5になります。そのため、0.5より大きくどれだけ1に近い値を取るかが優秀さの判断基準です（図表8-21）。

　本章では、昨今のビジネスシーンで最も活用されている機械学習について決定木分析、アンサンブル学習を通した内容の理解に加えて、モデルアウトプットの解釈方法や精度検証の方法もあわせて理解を深めていただきました。多くのビジネスの現場でも実際に使われている分析手法・解釈指標・精度指標ですので、もしまだ理解が追い付いていないところがあれば、第9章でご紹介する実際の分析結果なども踏まえて、理解の定着を図るように徹底してください。

第8章のまとめ

☑ 「機械学習」は予測・分類をおこなう点では統計解析（回帰モデル等）と同様だが、扱うデータの量が膨大・予測精度が高いメリットがある一方、解釈性が統計解析よりも低い

☑ 機械学習の基礎的な手法である「決定木分析」は、アルゴリズムが最も妥当な分岐ルールを作成していく手法で、分析結果のわかりやすさや容易さからビジネスシーンでも多用されている

☑ 機械学習を実行する際には過学習に注意する必要があり、例えば、決定木分析においては「枝の剪定」と呼ばれる作業を通して、精度向上と過学習のバランスを取るように心がける

☑ 複数の決定木を組み合わせて精度を向上させる手法として、多数決方式で複数木を組み合わせる「ランダムフォレスト」と、構築した木の改善点を踏まえて新たな木を構築していく「勾配ブースティング」が挙げられる

☑ 機械学習では統計解析と比較して得られた分析結果の解釈が難しいことが多く、「変数重要度」、「部分依存性」、「SHAP」といった解釈性を補完してくれる可視化手法を有効活用する

☑ 機械学習の精度評価においては、特に混同行列（Confusion Matrix）を用いた精度評価と、ROC曲線/AUCを用いた精度評価の2つを理解・実践することが重要となる

第9章

生成AIを活用したデータ分析

ここまで、今後の生成AI時代にデータドリブン型ビジネス人材を目指すに当たって最低限押さえてほしい知識・スキルを学習しました。しかし、実践してはじめて身につくというのが実情です。

これまでのデータ分析界隈では、そのためにデータ分析で使う王道プログラミング言語であるPythonを一から学び、長い時間をかけて学習し続ける必要がありました。

しかし、生成AIの登場によってこの状況も打破されつつあります。もとのGPTをそのまま使うだけではチャットベースでの会話のやり取りにとどまりますが、実はプラグイン（追加機能）を使うことでこれまで学んできた基本統計量の算出、データの可視化、欠損値の確認、分析モデル構築といった一連の作業も可能になっています。

本章では、実際にChatGPTのプラグインの1つを例に、生成AIを活用したチャットベースでのデータ分析を実践してみましょう。

チャットベースでデータ分析が可能な機能：Data Analyst

　以降の説明については、2024年1月時点での情報をベースとしています。昨今の生成AIの進化はすさまじく、週どころか日単位で機能追加や高度化も見られます。そのため、読者の皆様が本書を読まれている際にはプラグインや機能名が変更されていたり、場合によっては削除されていたりする可能性があることをご了承ください。

　ただ、その場合にも、同様の機能は提供されているはずなので、ご自身でGPTの公式ホームページをご覧になりながら、最新のステータスに合わせて試してみてください。また、生成AIはその性質上、問い合わせのたびに少しずつ異なる（多様性のある）回答を生成します。そのため、ご自身で実行された時に本書で示す出力結果と一言一句同じ結果が出るわけではないこともご認識ください。

　まずは、チャットベースでデータ分析が可能となるGPTの機能を利用可能な状況にしましょう。今回はChatGPTの「Data Analyst」という機能を用います。この機能を有効にするためには、ChatGPTの契約をアップグレードする必要があります。月額20ドルの費用が必要ですが、今回紹介するData Analyst以外の多くの機能を追加で利用できますし、GPT-4o miniだけでなく、GPT-4やGPT-4oといった複数エンジンが利用可能です。少し高額だなと思われる方は、この後紹介する機能を見てからでも構いません。これは便利だ、価値があると思われればぜひアップグレードしてみてください。

Point 2 Data Analystを用いて データの基礎情報を把握する

　用意ができたら、Data Analystの画面を開いてみましょう（図表9－1）。通常のChatGPTと同様にチャット画面が開きます。1点だけ異なるのは、チャット欄の一番左にファイル添付のアイコンが表示されていることです。これをクリックすれば、自身が分析したいインプットデータのファイルを読み込むことができます。

図表9-1　Data Analyst の画面①

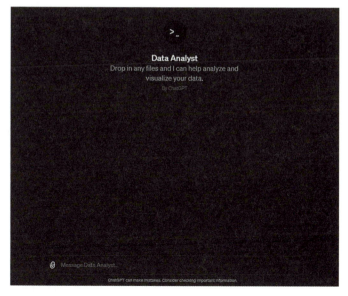

出所：Data Analyst 機能を用いて筆者作成

ここでは、別途入手いただいた"sample_decision_data.csv"という名前のCSVファイル（https://str.toyokeizai.net/books/9784492558409/ よりダウンロード可能）を読み込んでみましょう。このファイルは、エアコンの故障有無の実績ファイルです。今回は、このデータを用いてエアコンの故障有無にどのような要因が影響しているかを分析していくことにしましょう。読み込んだら、ファイルにどのようなデータ項目が入っているのかを尋ねてみます。
　すると、以下の5つの項目からなるデータであることがわかりました。

- product_id – 製品ID
- place_product – 製品の置かれている場所（実際は製造された工場）
- place_purchase – 購入された場所
- avg_usetime_day_h – 1日あたりの平均使用時間（時間単位）
- failure_flg – 故障の有無フラグ

図表9-2　Data Analystの画面②

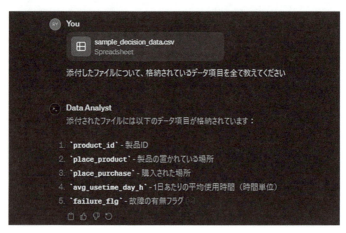

出所：Data Analyst機能を用いて筆者作成

ここで注意していただきたいのは、それぞれの項目の説明が日本語で併記されていることです。もとのCSVファイルを開いた方はわかると思いますが、このような日本語の説明文はファイル内には存在しません。GPTがファイルの内容を見た上で、各カラムの中身を予想して説明してくれていること

図表9-3　Data Analystの画面③

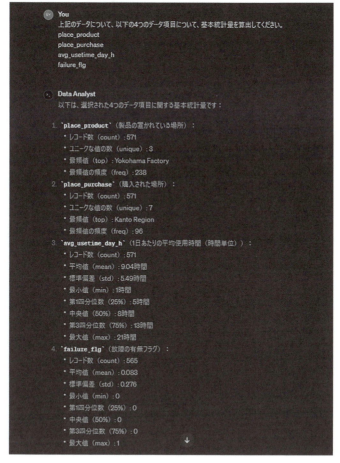

出所：Data Analyst機能を用いて筆者作成

第9章｜生成AIを活用したデータ分析　211

がわかります（図表9−2）。

　次にそれぞれのデータ項目がどのようなデータになっているかを確認してみましょう。これまで学んできた内容で言うと、基本統計量の確認です。それぞれの項目の基本統計量を算出するようチャットで指示を出してみます（図表9−3）。ただし、product_idについては製造番号であり各機器のラベ

図表9−4　Data Analyst の画面④

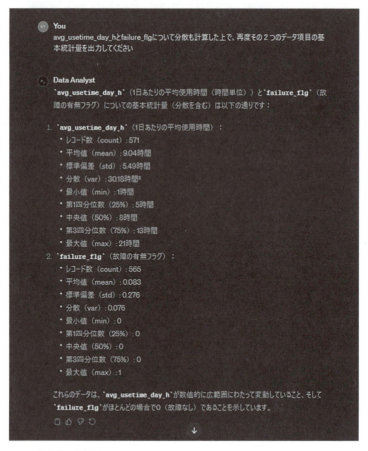

出所：Data Analyst 機能を用いて筆者作成

ルを示すものと考えられるため、対象からは除外します。

　これまでの章で学んできたような平均値、標準偏差といった各種の指標を算出していることがわかります。place_productとplace_purchaseでは4指標のみ、avg_usetime_day_hとfailure_flgでは8指標が出力されているのは、前者は数値データではなくカテゴリカルデータであるため、平均等の数値計算が必要な項目は存在しないからです。

　実際には標準偏差が出力されているため計算する必要はありませんが、あえて分散も追加で出力させてみましょう。図表9－4の通り、無事に分散が出力されて指標数が9個になっていることが確認できます。

　それでは、基本統計量は把握できましたので、次にデータを可視化してみましょう。今回は、故障の有無によってどのような違いがあるのかを知りたいため、故障の有無（failure_flgの1/0）によって利用時間（avg_usetime_day_h）に傾向の違いがあるかを見てみます。

図表9－5　Data Analystの画面⑤

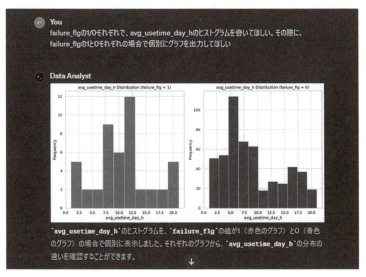

出所：Data Analyst機能を用いて筆者作成

第9章　生成AIを活用したデータ分析　213

図表9-5のように、見事に故障の有無で分けた上で、ヒストグラムを作成してくれました。このヒストグラムを見ると故障が発生しているデータ

図表9-6　Data Analyst の画面⑥

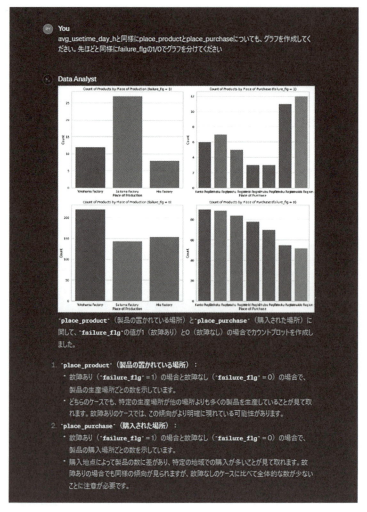

出所：Data Analyst 機能を用いて筆者作成

214

（左側）は利用時間の短いところでも長いところでも、その中間でも分布の山が見られ、どうやらこのデータだけで故障の有無を説明することは難しそうです。

　同様に、他のデータ項目についても可視化してみましょう（図表9－6）。

　place_productとplace_purchaseについて、故障の有無での違いをグラフにまとめてくれました。place_productについては埼玉工場で製造された機器に故障が多く、place_purchaseについては北海道・東北地方で購入された機器に故障が多そうなことがわかります。

Point 3　Data Analystを用いて分析モデルを構築する

　それでは、これらのデータ理解をもとにより深い洞察を得るために分析モデルを構築してみましょう。今回は結果のわかりやすさを重視して決定木分析を実行します。今回もラベルであるproduct_idは利用しません。

図表9−7　Data Analyst の画面⑦

出所：Data Analyst 機能を用いて筆者作成

なんと、分析の実行にとどまらず、本来事前に確認しなければならなかった欠損値の有無を自らチェックして教えてくれました（図表9－7）。
　それでは、欠損値処理をした上で改めて分析を実行してもらいます。
　決定木分析の結果を出力してくれました。図表9－8の画像ではどのような樹形図が出力されているか解像度の問題もあり読み取れないとは思いますが、結果としては埼玉工場で製造されているものは壊れやすいこと、北海道・東北地方で購入されているものの中でも特に利用時間が長いものが壊れやすいことなどが分析結果から読み取れます。可視化の段階では利用時間の大小ではあまり傾向が見られませんでしたが、複数要素を組み合わせることではじめて特徴が表れたようです。これも分析モデルを構築する価値と言えます。

図表9－8　Data Analystの画面⑧

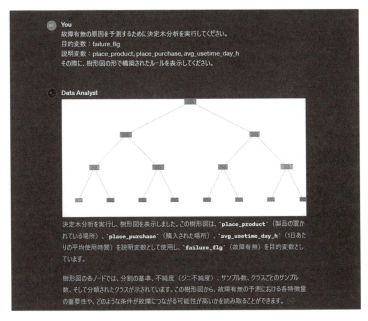

出所：Data Analyst機能を用いて筆者作成

Data Analystを用いて分析する際の注意点

Point 4

　ここまで見てきたように、Data Analystの機能を使うことで、全くプログラミングをせずとも分析モデルを簡単に構築できました。これはプログラミングまでは学ぶ時間やケイパビリティがなくとも、データを用いてビジネス価値を出したい方にとっては強力な武器となるでしょう。

　しかし、実は手放しで使うこともできないというのも事実です。なぜなら、生成AIが実行したこれらの処理が正しいものであることが証明されていないからです。先ほどの例では、たまたま欠損値の処理を提案してくれましたが、同様のタスクを複数回実行させてみると、実は5回に1回程度しか欠損値の処理は提案してくれませんでした（図表9－9）。これは本章の冒頭でも述べた通り、GPTの処理に再現性があるわけではないからです（もちろんパラメータを調整すればある程度回答を固定化はできるのですが）。

　ここで筆者らが注意を喚起したいのは、生成AIの処理結果を完全に信じず、こういう処理を忘れていないか、こういう間違いをしていないかという疑いを常に持ちながらステップバイステップで確認しつつ進めるべきだという点です。これは、今まで同様にチャットベースで要所を確認する方法もありますし、もしPythonプログラミングの知識があれば、各出力結果の最後に表示される[>_]マークをクリックすることで、実際に実行されたPythonコードを確認することもできます。

　これは今後、自身でPythonプログラミングまでできるようになりたいという積極層にとっては学習材料ともなる機能ですので、もし興味があれば生成AIがどのようなプログラムを書いたのか確認してみてください。

　いずれにしても、これまで学習してきたデータ分析に関する基礎知識があるからこそ、生成AIに適切な指示を出すことができ、場合によってはその

図表9-9　Data Analyst の画面⑨

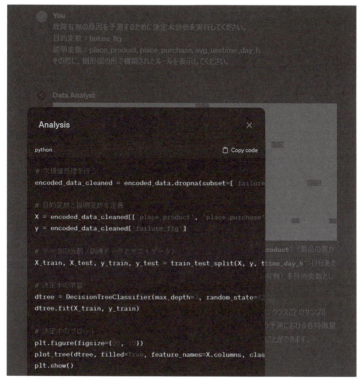

出所：Data Analyst 機能を用いて筆者作成

ミスを指摘・修正できるということは改めてご理解ください。何の知識もないままノーガードで利用すれば、逆にだまされかねないのです。

　実際のビジネスシーンでは、詳細な分析はこれまで通り専門のデータサイエンティストに任せるべきですが、まずクイックに傾向を知りたい、取り組みのフィージビリティを確かめたいといった使いどころの見極めとメリハリをつけることを忘れなければ、データドリブン型ビジネス人材にとってこれほど強みとなる武器はないでしょう。ぜひ皆さんもご自身の手でその価値を確かめてみてください。

第9章のまとめ

☑ チャット形式での情報検索・インタラクティブな会話だけでなく、これまでの章で学んできた各種の統計手法や機械学習のモデル構築を助ける生成AIが登場している

☑ 上記機能を利用する場合、チャット上でインプットデータとなるデータをCSV形式などで読み込ませた上で、チャット形式で分析を実行する

☑ 分析実行に際しては、どのような目的で分析するのか、分析のゴールは何なのか、どのような集計方法や分析手法を使うのかなどを指定して生成AIに指示を出すことが重要となる

☑ そのため、最低限のデータ分析や機械学習モデルの知識・ノウハウを学び、AIが想定と異なる分析をおこなわないように人間の事前・事後のチェックも必要となる

☑ また、上記機能では、生成AIが作成したPythonプログラムも参照可能であり、自身で今後Pythonプログラミングを身につけたい場合には、その学習資材として活用することもできる

第 10 章

テキスト分析とLLM
（大規模言語モデル）

これまでの章では、主に構造化データを用いて要約や予測をおこなう際の分析手法について、代表的な手法の仕組みや、使いこなすポイントに触れてきました。しかし、昨今の生成AIに代表されるように、テキストデータや画像データといった非構造化データについてもビジネスシーンでは活用が進んでいます。そのすべてをここでご説明することは難しいですが、本章ではデータドリブン型ビジネス人材として理解しておくべきエッセンスの部分をご紹介しますので、非構造化データを活用するための最低限の勘所を身につけてください。

テキスト分析で何ができるのか

本節では、テキスト分析の基礎について触れていきます。テキスト分析は自然言語処理（NLP：Natural Language Processing）とも呼ばれ、2022年11月にOpenAIからChatGPTが発表される以前より注目を集めている分野です。本章では、最終的にはGPTについても触れますが、はじめに基礎固めとして基本的な手法に触れていこうと思います。

テキスト分析は、大量のテキストデータの中から示唆を抽出する際に使われる分析です。普段の生活の中でも、大量の文書の中から目的となる記載を見つけ出したり、大量の定性コメントの傾向を集計したり、テキストデータの扱いに困ったことがある方も多いのではないでしょうか。

ビジネスシーンで分析対象となるテキストデータとしては、社内に紙ベースで存在する各種の文書を電子化したものはもちろん、顧客への満足度アンケートのような各種アンケート、コールセンターにおける顧客対応ログなどに加えて、社外でもWebサイト、X（旧Twitter）などのSNS、Wikipediaや有価証券報告書など、多種多様なテキストデータが存在し、分析に利用可能な資源は大量にあります（もちろん、社外のデータは利用規約で許可されていればですが）。

ビジネス上のユースケースも様々で、ここではテキスト分析の基礎を学ぶ上で1つユースケースを定めて概略をご紹介します。例えば、自社で新たなスマートフォンを発売したケースを想定し、発売したスマートフォンに対して顧客がどのような感想を持っているかを明らかにしたいとします。その場合、ネット上での口コミやSNSでのユーザーの感想を確認することによって、社内の売上実績だけでは気づくことが難しい問題点の発見や他社商品との比較が可能になるため、商品の高度化や販促プランの見直しを図る上で有

用な示唆が得られそうです。

　それでは、実際に新商品について得られた口コミ・感想を確認してみましょう。

- このカメラの画質は本当に素晴らしく、プロレベルの写真が撮れます。ただし、メニューが複雑すぎて、設定を変更するのがいつも一苦労です
- スマートフォンのバッテリー寿命は驚くほど長く、一日中快適に使用できます。しかし、充電に時間がかかりすぎるのが難点です
- 画面のレスポンスが悪い。タップしてもすぐに反応しないことが多く、ストレスを感じる
- カスタマーサポートは非常に親切で、問題に迅速に対応してくれます。ただ、初期設定が複雑で、もう少しユーザーフレンドリーにしてほしいです
- アプリの起動が遅く、待たされる時間が長い。スムーズな使用感を期待していたが、イライラする

　上記のようなアンケート結果が得られており、よい感想も悪い感想も混在しています。これらお客様の生の声をもとに、商品の高度化を図ることは非常に有益だと考えられます。ただし、生の声が10や20であれば人が直接内容を確認し意見の全体像を整理できますが、1,000, 10,000と分量が増えていった場合には、とうてい人が全量を確認して示唆を出すことは難しくなります。

　しかし、逆に人が確認できる程度の分量だと、特定個人の偏った意見ではないかと経営層や関係者から疑義が入ることもあるでしょう。

　そこでテキスト分析を活用し、十分なデータ量を確保しながら効率的に示唆を抽出することが求められます。例えば、それぞれの感想がポジティブな文章なのか、ネガティブな文章なのか、テキスト内に書かれている感情を推計して他社と比較してみます（図表10-1）。

第10章｜テキスト分析とLLM（大規模言語モデル）　223

図表10-1 口コミから判定した自社・競合他社のポジ/ネガ比較分析

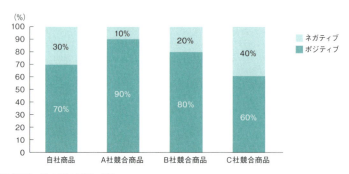

出所：筆者作成のダミーデータをもとに集計・作図

　他社との大きな傾向の違いはわかりましたが、他社に負けている具体的な箇所はどこなのでしょうか。得られた口コミ・感想のテキストに対して"価格"や"使いやすさ"などいくつかの評価軸を設定し、どの軸に該当する記載があるのか、記載がある場合どのような評価を得ているのかを最大10点としてレーダーチャートに出力することによって、他社と比較してどのような口コミが多いのかの詳細が理解できるでしょう。

図表10-2 口コミ・感想から得られた競合他社との具体軸での比較

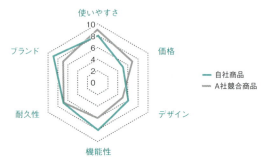

出所：筆者作成のダミーデータをもとに集計・作図

例えば図表10−2では、自社は"ブランド""機能性""デザイン"で競合よりも優位性を持っているものの、競合他社と比較して"使いやすさ"や"価格"では劣後している可能性があるとわかりました。価格については、そもそも競合他社の商品との間でターゲットセグメントが異なり、必ずしも優先して対応すべき内容とは考えられないため、まずは"使いやすさ"に着目します。

　上記の"使いやすさ"に言及がある口コミ・感想のデータをピックアップしてみたところ、具体的には下記のような意見があることがわかってきました。

1. 設定メニューが複雑でわかりにくく、もっと直感的なインターフェースにしてほしい
2. ボタンが小さすぎて押しにくい。特に、外出先では操作が困難になる
3. 取扱説明書が不親切で、基本的な機能の使い方の理解に時間がかかる
4. アプリの起動が遅く、スムーズな使用感を期待していたがイライラする
5. バッテリーの持ちが悪く頻繁に充電が必要で、外出先で不便である
6. 画面レスポンスが悪く、タップしてもすぐに反応しないことが多く、ストレスを感じる

　上記6つの不満のどれがメインの意見なのかを判断するため、各不満を代表するような特定のワードについて頻出度合いを集計します。

　図表10−3の通り、最も頻度が高い"設定メニュー"というワードについて、不満のボリュームが多いということが定量的に明らかになりました。ここまで来ると、実際に該当する個別の意見を具体的に読み、理解を深めることも可能でしょう。このように、大量のテキストデータも、1つひとつステップ

第10章｜テキスト分析とLLM（大規模言語モデル）　225

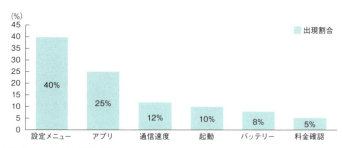

図表10-3　不満に該当する口コミ・感想の中での頻出単語分析

出所：筆者作成のダミーデータをもとに集計・作図

を踏んでデータの特徴を定量的に整理することで価値ある示唆が得られます。

　また、テキストデータはいわゆる構造化データ（≒数値データ）を眺める以上の示唆が得られるケースも多くあります。今回のケースで言えば、テキスト情報はユーザーの生の声なので、数値ではうまく表せない、または取得できない示唆が得られることは明白です。

　上記のユースケースでは単純化のために口コミ・感想のテキストデータのみからのアプローチを考えましたが、実際のビジネスシーンでは操作ログなど他の構造化データと組み合わせて分析をおこなうことで、どの画面やどのプロセスで時間がかかって利便性や顧客満足度が下がっている可能性があるのか複合的な分析も可能です。

　また、上記のようなオーソドックスなポジネガ分析や分類以外にも、口コミが経時的にどうなっていくかのトレンド分析や、ある企業に営業しにいきたい場合にWebページや有価証券報告書、中期経営計画などからその企業が何をニーズとしているのかの予測、コールセンターではどんな苦情が多いのかなどテキスト分析の用途は多岐にわたります。

　他にも、既にツールとして広く汎用化されているスパムメール除去や、日英翻訳なども大量のテキストから得たナレッジをもとにしたモデルを利用しています。

テキスト分析の仕組み

前節ではテキスト分析で何ができるのかのイメージをつかんでいただきました。しかし、自分でテキスト分析をおこなうイメージをすると、これまでの構造化データと呼ばれる数値データと違って、大量のコメントなどの定性データはどのように分析すればいいか悩むのではないでしょうか。本節では、その具体的な方法について触れていきたいと思います。

テキストデータを分析する際の代表的な手順は下記の通りです。それぞれ後ほど詳しく見ていきます。

- テキストデータを形態素解析して形態素（＝単語）に分ける
- 形態素ごとに数値化された重要度を割り振る
- それを分析対象の粒度（＝1つの文章など）に集約し数値化する
- 構造化データ同様に既存の回帰などの手法を適用する

ここでは、例としてポジネガ分析を考えてみます。ポジネガ分析とは、感情分析の1つであり書かれている文章（テキストデータ）がポジティブなニュアンスを持つか、ネガティブなニュアンスを持つかを分類する分析です。例えば、とある商品を扱う会社のコールセンターのアンケートで下記のようなコメントがあったとします。

＜ポジティブなテキスト例＞（以降、文章例1）
「オペレータの方がとても親切に応対してくれてトラブルも無事解決しました。」

第10章｜テキスト分析とLLM（大規模言語モデル）　227

> **＜ネガティブなテキスト例＞（以降、文章例2）**
> 「全然つながらずうんざりしました。そのあと、何度も電話して
> やっとオペレータにつながったと思ったら、購入店舗に聞いてくだ
> さいと言われ、またうんざりでした。」

　これらの内容を見て、テキスト情報のみからそれぞれがポジティブかネガ
ティブかを判定するのがゴールです。もちろん数が少ない場合は人が見て、
それぞれポジティブ・ネガティブを判断することも容易ですが、アンケート
やX（旧Twitter）のデータ、口コミデータなど数が多い場合など、全体を
俯瞰的に見る場合に有用な分析です。

　これは分析の種類としては分類問題なので、最終的には前述したようなロ
ジスティック回帰分析などで扱う問題で、各文章を図表10−4のようなデー
タにまとめていきたいと分析者は考えます。このような形で数値化された特
徴量データを適切に用意できれば、テキストデータも構造化データと同様に
分類モデルに適用することができます。

　構造化データへの変換方法はいくつかありますが、今回の場合は使われて
いる単語に着目するのがよさそうです。文章例1については、「親切」や「解
決」といった単語に注目してポジティブと判断し、文章例2については、
「うんざり」という単語に着目してネガティブと判断できそうです。ただし、

図表10−4　最終的に作りたい構造化データのイメージ

	特徴量1	特徴量2	…	特徴量m
文章1	0.1	0.2	…	0.4
文章2	0.3	0.8	…	0.2
⋮	⋮	⋮		⋮
文章n	0.2	0.1	…	0.9

出所：筆者作成のダミーデータをもとに集計・作図

図表10-5 形態素解析 結果抜粋 文章例1

'オペレータ（名詞）', 'の（助詞）', '方（名詞）', 'が（助詞）', 'とても（副詞）', '親切（名詞）', 'に（助詞）', '応対（名詞）', 'し（動詞）', 'て（助詞）', 'くれ（動詞）', 'て（助詞）', 'トラブル（名詞）', 'も（助詞）', '無事（名詞）', '解決（名詞）', 'し（動詞）', 'まし（助動詞）', 'た（助動詞）', '。（記号）'

出所：筆者作成のダミーデータをもとに集計・作図

文章例1では、「トラブル」といった単語に引っ張られると判断を誤りそうなリスクも感じます。

　こうしたキーとなる単語をうまく考慮するため、まずは文章を単語に分解する必要があります。多くの場合、形態素解析と呼ばれる手法を使います。試しに「オペレータの方がとても親切に応対してくれてトラブルも無事解決しました。」という文章例1を、形態素解析してみましょう（図表10-5）。

　このように文字列を意味のある最小単位（＝形態素）に分割できています。文章例2についても形態素解析してみましょう（図表10-6）。

　文章例1同様、文章を形態素に分けられました。この各形態素をうまく数値化することで、文章の特徴をつかみポジネガ分類ができそうです。

　次に、どんな単語が使われているかをわかりやすく定量化するため、助詞

図表10-6 形態素解析 結果抜粋 文章例2

'全然（副詞）', 'つながら（動詞）', 'ず（助動詞）', 'うんざり（副詞）', 'し（動詞）', 'まし（助動詞）', 'た（助動詞）', '。（記号）', 'その（連体詞）', 'あと（名詞）', '何（名詞）', '度（名詞）', 'も（助詞）', '電話（名詞）', 'し（動詞）', 'て（助詞）', 'やっと（副詞）', 'オペレータ（名詞）', 'に（助詞）', 'つながっ（動詞）', 'た（助動詞）', 'と（助詞）', '思っ（動詞）', 'たら（助動詞）', '、（記号）', '購入（名詞）', '店舗（名詞）', 'に（助詞）', '聞い（動詞）', 'て（助詞）', 'ください（動詞）', 'と（助詞）', '言わ（動詞）', 'れ（助動詞）', '、（記号）', 'また（接続詞）', 'うんざり（副詞）', 'でし（助動詞）', 'た（助動詞）', '。（記号）'

出所：筆者作成のダミーデータをもとに集計・作図

第10章 ｜ テキスト分析とLLM（大規模言語モデル）　229

図表10-7　文章例1、文章例2 それぞれの登場単語の数値化例

	オペレータ	方	とても	親切	応対	トラブル	無事	解決	全然	うんざり	あと	何	度	やっと	購入	店舗
文章例1	1	1	1	1	1	1	1	1	0	0	0	0	0	0	0	0
文章例2	1	0	0	0	0	0	0	0	0	1	1	1	1	1	1	1

出所：筆者作成のダミーデータをもとに集計・作図

や記号など不要なワードを取り除いて名詞と副詞のみに着目します（図表10－7）。

　これで機械学習などのモデルで活用できる構造化データに変換できました。「親切」という形態素が使われている文章はポジティブになりやすいと考えられ、逆に「うんざり」という形態素が使われている場合にはネガティブな傾向が強いでしょう。このように、使われている単語で特徴が分かれる場合にこの方法は有効だと言えます。

　しかし、図表10－7はあくまで単語の登場有無を表にまとめただけで、それぞれの単語のインパクトまでは表現できていません。そこで、よりよい特徴量がないかを考えてみましょう。例えば、ネガティブ例での「うんざり」というワードのように、何回も使われている単語は重要と考えられるかもしれません。逆に「オペレータ」という単語はコールセンターのアンケートではどんな文章にも出てきそうで重要ではない可能性も高そうです。

　こういった考えで形態素に対して重要度のメリハリをつける方法として、TF/IDF（Term Frequency/Inverse Document Frequency）があります。TF/IDFは形態素の重要度を表すTFとIDFの2つの指標の複合指標で、それぞれ下記を意味します。

- TF：その文章内で、その形態素がどれだけ**多いか**
- IDF：全文書中で、その形態素を含む**文書数**がどれだけ**少ないか**

TFは「うんざり」が2回使われているといった先ほどの例のように何回使われているかを定量化しています。一方で、IDFはその単語の出現レア度と言い換えることができます。IDFを使えば、「オペレータ」という単語は多くの文章で登場するため重要ではないと判断できます。

最終的にはTFとIDFの積を取って、登場頻度とレア度のバランスのよいものをうまく数値化して各形態素の重要度とします。このように、各形態素に対してTF（＝文章内の特徴）・IDF（＝文書間の特徴）を考慮することで、より適切な特徴を抽出した上でポジネガを分類するモデルを構築していきます。

概念として単語の分割や重要度の評価は理解いただけたと思いますが、実際のビジネスシーンで上記のような分析をおこなうとテキストデータならではの問題がいくつか発生します。

1つは、特徴量の数が多くなりすぎるという問題です。一般的な大型の国語辞典で使われている単語数は20万語以上と言われます。大量のテキストデータになればなるほど数万の特徴量（単語）が出てくるようになり、分析を進める上で計算コストが増大します。また、一般的には特徴量が多いことによって距離計算が困難になる、学習に必要なサンプル数が多くなる、過学習が起きやすくなるなど、分析上の様々な問題が発生します。これは次元の呪い（curse of dimensionality）といわれる問題で、機械学習では以前からよく知られている問題です。

実際には、完全に意味がない形態素を除く「ストップワード除去」がおこなわれます。例えば、「は」「です」「これ」「それ」などがストップワードとして挙げられます。これらを除去し、意味のない特徴量を減らすのはもちろん、特定の品詞に着目して分析対象とする単語の種類を減らすなどの方法も有効です。

また、新語への対応も問題です。例えば、「令和」といった新しい年号や「麻布台ヒルズ」といった新しい建築物などは数年前には世の中に存在しなかった単語です。こうした単語がテキストデータ内にある場合には、形態素解析が意図しない結果を出力してしまいます。これは、形態素解析が内部処理上、事前に定義されている辞書データを参照して単語に分割しているため

です。そのため、辞書が対応していない新語に弱い傾向があります。ビジネスシーンでも、例えば新商品が発売されて顧客アンケートをおこなうなど新語が影響しそうなケースは往々にして存在します。そうした場合には、更新されている最新の外部辞書を取り込む、もしくは手動で辞書に新語を登録するなどの工夫をした上で形態素解析を実施する必要があることを意識してください。

深層学習を用いたテキスト分析

前節では基本的なテキスト分析の流れとそれぞれの内容について概念をつかんでいただきました。しかし、実際のビジネスシーンでは、前述のような比較的簡易な方法だけでなく、より複雑な分析手法も活用されています。例えば、Word2Vecという手法です。

1. Vec（"king"）−Vec（"man"）＋Vec（"woman"）≒ Vec（"queen"）
2. Vec（"Paris"）− Vec（"France"）＋Vec（"Italy"）≒ Vec（"Rome"）

Word2Vecでは、上記のような単語の表現を抽出できます。Vecはembedding（埋め込み）と呼ばれる単語を数値化する処理で、日本語ではベクトル化とも呼ばれます。前節同様、テキストデータを数値化しているという点は共通していますが、Word2Vecでは四則演算に近いような数値化が可能なことが非常に興味深い点です。

これは、例えば「電話」と「コール」などの似ている単語や、逆に意味合い的に遠い単語を数値としてうまく表現できているからこそ、四則演算に近い計算ができると言えます。embedding自体は進化を続けており、文脈をよりうまく表現できるベクトル化手法としてBART（Bidirectional Auto-Regressive Transformers）やOpenAIが提供しているtext-embedding-3-largeなどが利用されています。

次に、テキストデータの分析に深層学習を用いた最たる例であるGPTについて述べていきます。とは言っても、GPTやその内部を支えるLLM（大規模言語モデル）については自身が一から作ることはなく、性質を理解した上で既存の仕組みをうまく利用することが重要です。まずはその点から触れ

ていきます。

　現在はGPT-4までバージョンが上がってきましたが、それぞれのバージョンでパラメータ数を整理すると、GPT-1は1億1,700万、GPT-2は15億、GPT-3は1,750億、GPT-3.5やChatGPT、GPT-4はそれ以上と言われています。ここで言うパラメータとは、学習データに合わせて最適化される数値で、例えば1つの変数（x）に対しての単回帰モデルの場合だと、$y = ax + b$でa、bの2つです。それが今や数千億まで増え、巨大化を続けてきました。

　この巨大化の重要な背景の1つが、2020年にOpenAIから発表されたScaling Lawです。これは平たく述べると、Transformer（GPTで利用されているニューラルネットワークのモデル）のパフォーマンスは、①計算予算、②データセットサイズ、③パラメータ数、で表されるシンプルなべき乗則にしたがうというもの。その実験結果を表すのが図表10－8です。

　図表10－8では3つの図が並んでいますが、それぞれ横軸に、①計算予算、②データセットサイズ、③パラメータ数、縦軸にモデルの性能（誤差 Test Loss）を取ったものです。縦軸は小さければ小さいほどモデルの性能が高いことを示します。このグラフを見ると一目瞭然ですが、すべてのグラフで横軸が大きくなるほど誤差が小さく性能がよくなっていることがわかります。つまり、①計算予算、②データセットサイズ、③パラメータ数をそれ

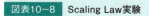

図表10-8　Scaling Law実験

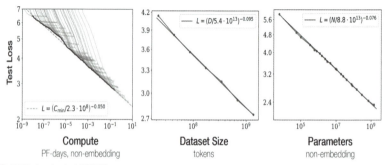

出所：[37] Kaplan, Jared, et al.(2020)

それ大きくすると精度がよくなることを示しています。当たり前のように聞こえるかもしれませんが、このようにシンプルな法則が成立すると共に、実験ではこの法則についての上限が見えず、資本を投下するほどモデル性能がよくなっていくと考えられることがなにより驚きです。

実際、Kaplan et al.（2020）[37]のすぐ後にGPT-3という超巨大モデルが発表されています。そしてGPT-3の学習には460万ドル（2020年時点では約5億円）、もし1つのGPUでトレーニングした場合は355年程度かかると推計されています。そして、後続のScaling Lawの研究では、この法則がテキストの生成だけでなく、画像や動画など異なるタイプのデータに対しても同様であることが検証されています。これらScaling Lawが後押しとなって近年のモデルの巨大化が進んでいると言えます（図表10－9）。

ここまで、LLMの巨大化について述べてきました。これは個人で作れる

図表10－9　様々なドメインにおけるScaling Law実験

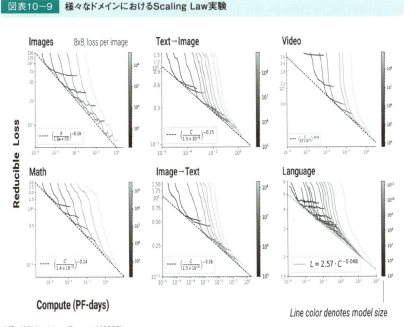

出所：[38] Henighan, Tom, et al.(2020)

レベルではないとご理解いただけたのではないでしょうか。だからこそ、まずは"利用すること"に主眼を置きましょう。

そうした背景から、GPTのような大量のデータを用いてトレーニングしたモデルは基盤モデル（Foundation Model）と呼ばれ、はじめから汎用的な能力を獲得しています。これらのモデルは汎用性を持っているため、例えばテキストと「このテキストを①ポジティブ、②ネガティブ、③ニュートラルに分けて」というプロンプト（命令）さえあれば、分類を実施してくれます。つまり、これまでの機械学習モデルの構築のように、事前に大量の教師データを用意せずとも、ある程度のケースで問題が解けるようになっているのです（これはzero-shot learningとも呼ばれます）。

これらの基盤モデルやGPTはそのまま利用してもビジネス的に高精度で利用可能なことが多いですが、自社のデータや新たな知識を学習させることでよりユースケースに対して高精度にすることも可能です。その場合には、RAG（Retrieval Augmented Generation）や、モデル自体を一部学習するようなファインチューニングを用いるのが一般的です。

例えば「X社の経営リスクについて教えて」というプロンプトに対して、GPTは一般的な回答をします。これはX社が一般に発表している外部向けのデータしかGPTが学習していないため、zero-shot learningでは回答できる限界があるためです。しかし、RAGでは社内でしか公表されていない独自の情報などをプロンプトに埋め込めます（図表10 - 10）。

その際、embeddingを利用して「X社の経営リスク」という単語に類似し

図表10−10　プロンプトへの参考情報埋め込みイメージ

X社の経営リスクについて教えて。その際に'#参考情報'を参照して答えて。

'#参考情報'
<ここに参考情報を埋め込む>

出所：筆者作成

ている社内ドキュメントを検索し、上位のドキュメントの内容を埋め込むことで、関連性が高く学習されていない情報を組み込んだ上で回答を生成させられます。

このように、類似ドキュメントを抽出し、それを適切にプロンプトに埋め込み、埋め込んだプロンプトをもとに生成させる一連の処理はRAGと呼ばれ、様々な派生手法が提案されています。この手法の利点は、直接学習をさせることなくコンテキストとしてナレッジを埋め込むことで、最新の情報や独自の情報を追加し、回答精度を向上させること。そのため、現在のビジネスシーンで大いに活用されています。

また、直接モデル自体を学習させる方法もあります。学習といっても、前述の通り一からすべてを学習させると膨大なコストがかかるため、パラメータの一部だけを追加学習させることを考えます。イメージとしては、100個のパラメータのモデルがあった場合、今ある100個は固定した上で新たに101個目のパラメータを追加し、そのパラメータ（もしくは近いパラメータ）だけを追加学習させるイメージです。ファインチューニングに関しても、様々な手法が考案されており、OpenAIも一部のモデルについては、ファインチューニング機能を公開しています。これにより、RAGのようにプロンプトに埋め込むだけではなく、モデル自体にナレッジを学習させることも可能になりました。

本章では、テキスト分析の基礎的な手法やGPTやLLMについて第2章よりも深いレベルで触れてきました。繰り返しになりますが、**LLMは自身が一から作るのではなく、活用することをまずは考え、業務でどのように使えるかを考えてみるのが最善**です。

構造化データ（数値データ）と非構造化データ（テキストデータ、画像など）では、分析の考え方や進め方が大きく違うこともご理解いただけたのではないでしょうか。実際のビジネス現場では、構造化データだけ、非構造化データだけ、ではなく両者を組み合わせなければ示唆が出せないケースも多く存在します。それぞれに対する分析の特徴をうまく理解した上で、総合的な分析・示唆導出が可能なように、改めてそれぞれの要点を押さえてもらえればと思います。

第10章｜テキスト分析とLLM（大規模言語モデル）　237

第10章のまとめ

- ☑ テキストデータを扱う際に用いる技術であるNLPを用いることで、定性的な情報しか得られなかったテキストデータから定量的な示唆を得ることが可能になり、データ分析で導出可能な示唆の幅が広がる

- ☑ NLPでは、形態素解析という処理で文章を単語レベルに分解してから分析するのが基本であり、分割した単語の頻度や重要度をTF/IDFなどの方法で分析し示唆を得る

- ☑ 単語の意味合いや類似性などを考慮するためにはWord2Vecや深層学習といった、より高度な手法を用いて解析をおこなう必要がある

- ☑ LLMは個人のレベルで開発することは難しく、プロンプトエンジニアリングやRAGなど、世の中のサービスをよりうまく使いこなしていくためのスキルを身につけていくことが重要となる

第 11 章

分析結果の読み解き・解釈

これまで、ビジネスシーンで頻繁に用いられる各種の分析手法について幅広く、理論と活用のポイントを学んできました。しかし、データ分析はモデルを構築して終わりではありません。多くの分析モデルは結果を他者が理解しやすいよう読み解き、解釈できる形にしてはじめて価値あるビジネスアウトプットと言えます。本章では、分析結果の読み解き・解釈を向上させるためのいくつかのポイントについてご紹介していきます。

データドリブンでの読み解き・解釈

　まずは、データの観点から読み解き、解釈する際に役立つ切り口をご紹介します。このデータドリブンでの読み解き・解釈は一般的ですので、多くの読者の皆様も既に実践しているかもしれません。ここでは、「変化点の確認」、「基準値とのかい離」の2つの軸でご紹介します。

①変化点の確認

　分析結果を読み解くポイントとしてまず挙げられるのは、データが急激に変化する点を確認することです。例えば、折れ線グラフ等で可視化したデータに大きな変化点がある場合、その要因を探ることが重要です。商品Aの売上推移を表した図表11−1を見てみましょう。

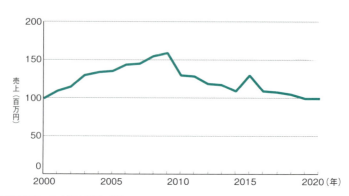

図表11−1　商品Aの売上推移

出所：筆者作成のダミーデータをもとに集計・作図

このグラフで着目すべき変化点は、2010年の急激な売上低下と、2015年の一時的な売上の回復です。2010年の急激な低下は、競合企業の新製品発売や経済情勢の変化によって引き起こされた可能性があります。変化点の原因を調査することで、同様の事態を防ぐ対策を講じることができます。一方、2015年に一時的に売上が回復しています。これはSNS等のバズによる一時的な売上急上昇である可能性もあります。このような変化点の要因を深掘り調査することで、売上を回復させる様々な手がかりをつかめるのです。

　上記は単純な可視化の例ですが、モデル構築についても同様の点に注意を払います。売上を予測する需要予測のケースで時系列にしたがって予測精度を可視化すると、とあるタイミングだけ精度が極端に下がったり、ある期間以降予測精度が極端に下がったりすることがあります。この原因を深掘りしていくと、前者は年末年始や連休などが原因であり、年末年始フラグ／連休フラグといったカレンダー性の特徴量を追加することで精度が向上します。後者の場合、COVID-19流行前後の消費者動向の変化によって予測精度が下がっており、COVID-19前後で予測モデルを2つに分けることで解決を図ったりします。

②基準値とのかい離

　2つ目のポイントは、基準となる値とのかい離を確認することです。ここで言う基準とは、「全体の平均値」「昨年の同じ月の値」などが該当します。

　図表11－2では、2010年と2011年の受注金額が棒グラフで示されています。棒グラフを見ると、1月と10月を除き、2010年よりも2011年の受注金額が大きくなっていることが読み取れます。しかし、受注金額は月によってばらつきがあるため、2011年の受注金額が2010年と比較してどの程度向上したのかは読み取りにくくなっています。そこで、2010年を100％として、2011年の受注金額を折れ線グラフで表しました。昨年の値を基準とすることで、どの月が昨年と比較して大きく変化したのかが一目瞭然になります。2～3月に受注金額が大きく伸びていることがわかり、この要因を探ることで、他の月でも受注金額を向上させるヒントが得られるかもしれません。

　これはグラフの読み方というより、データの見方を変更する方法ですが、

第11章｜分析結果の読み解き・解釈　241

図表11-2　受注金額の比較と昨対比

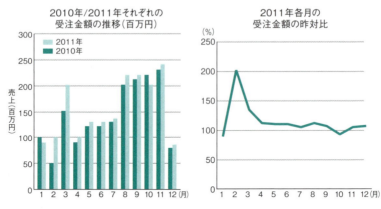

出所：筆者作成のダミーデータをもとに集計・作図

　受注金額を昨対比のような割合に変換することで、金額の生データを見ているだけでは気づきにくい特徴を把握できるケースもあります。

　モデル構築の場合は、よりシンプルに基準値が存在することが多いと言えます。マーケティング施策に反応してくれるかどうかの正解・不正解を予測するモデルであれば、ランダムで選択した場合（50％の精度）と比較してどれだけ精度が高いか、または既存の人がおこなっているターゲティングと比べてどれだけ精度が高いかなど、基準となる数値と比較しながら良しあしや課題の把握をおこないます。

ビジネス目線を考慮した読み解き・解釈

前節でご紹介した2つのポイントは、あくまでデータだけの観点から見た読み解き・解釈のポイントでした。実際にはデータだけの視点から価値ある示唆を導出することは難しいと言えます。本節では、よりビジネス的な目線を組み合わせてどのように価値ある示唆を導出していくのかを考えてみましょう。ここでは、特にビジネス目線で重要な下記の3つのポイントを説明していきます。

> ①ドメイン知識との掛け合わせ
> ②ビジネス的に意味のある比較軸の設定
> ③ローデータに立ち返った個別事例の提示

1つひとつのポイントについて、具体事例を交えながら確認していきましょう。

①ドメイン知識との掛け合わせ

ビジネスシーンにおける多くの分析結果は、単純なデータとしての特徴だけでなく、ビジネス・業務の性質・知見を掛け合わせてはじめて生まれる示唆も数多く存在します。例えば、自動車保険の解約率分析における事例をもとに考えてみましょう。

ある損害保険会社では、近年自動車保険の解約が増加していることから、どのような層で解約が進んでおり、どのような施策を打つべきかを定量的に明らかにしたいと考えていました。現場のヒアリングをもとに、商品の価格によって解約率が異なるのではないかとの仮説が立ち、特に低価格帯での解

約が増加しているのではないかと予想しました。

　これらの仮説を検証するため、契約関連の各種データを収集してデータ分析を進めた結果、仮説とは裏腹に、低価格帯の保険ではなく中価格帯の自動車保険が最も解約されていることがわかりました。当然、元々の仮説とは異なる結果のため、何が起こっているかをさらに追求しなくてはなりません。中価格帯の解約が多い理由を深掘りするため、商品別で解約数を追加集計したところ、とある保険商品Aが中価格帯解約全体の約半数を占めていること

図表11-3　ドメイン知識と掛け合わせた分析結果の示唆導出例

分析結果として見える事象にクライアントの着眼点を掛け合わせることで、質の高い解釈・示唆が得られる。
（データが大量になればなるほど、手法が高度になればなるほど、その結果の解釈は業界・企業特有の着眼点を必要とする）

Business Question
車の保険解約率が高いセグメントはどの層なのか？　また、どのように解約を食い止めるべきか？

仮説構築	仮説検証	分析示唆の導出

仮説構築

2015.8～2016.7

想定

保険価格帯別契約数

■ 継続　■ 解約

低価格：50% / 50%
中価格：30% / 70%
高価格：10% / 90%

低価格帯の保険商品の解約率が最も高いのではないか？

仮説検証

2015.8～2016.7

結果

保険価格帯別契約数

■ 継続　■ 解約

低価格：27% / 73%
中価格：78%（保険A 49% / 22%）
高価格：7% / 93%

13,192件　26,630件　6,768件

中価格帯の保険商品の解約率が最も高く、特に商品Aの解約率が大部分を占めている

分析示唆の導出

クライアント

保険商品特有の着眼点
・保険Aへの加入が、ローン契約時の条件になっている。
・ローンを組んで車を購入する人は保険による経済的負担を軽減するために、初回車検の際に、より低価格な保険商品にスイッチすることが多い。

車購入ジャーニー／ローンでの

車購入時
ローン契約　保険A
（中価格）

初回車検時
保険A　他社保険B
（中価格）（低価格）

分析示唆の視点
ローン契約者が、より安価な保険商品にスイッチする際に、競合他社の商品Bにスイッチしてしまっている！

コンサルタント

ローン購入時の保険を見直すタイミングなどを特定し、そのタイミングで自社の低価格商品をレコメンドすることで他社の低価格商品へのスイッチを防ぐべき

経済的負担が保険解約の要因の一つ。低価格帯保険ではなく、中価格帯保険の解約率が高くなっているのは、ローン契約に付帯されている自動車保険商品を含んでいるから。それらが他社低価格商品にスイッチしていることがわかった

出所：筆者作成

がわかりました。

データを軸に考えると深掘りはここで止まってしまうのですが、ドメイン知識（ここでは自動車保険の商品自体や、その販売プロセスに詳しいこと）を持つメンバーと分析結果についての協議を重ねることで、新たな発見が得られました。新車を購入する際、多くはローンを組んで自動車を購入しますが、ローン購入の条件に自動車保険Aへの加入が組み込まれていたのです。

つまり、顧客は自身が好んで選んだ保険商品ではないため、初回車検の際により安価な自動車保険に乗り換えていたのです。このように、ビジネス知見を掛け合わせることではじめて見えてくる示唆もあります。本事例では、その後、他社の低価格帯契約に乗り換えられるくらいであれば、こちらから積極的に自社の低価格帯商品に乗り換えてもらおうということで、初回車検が近づくタイミングで自社の低価格帯保険への見直しをレコメンドし、単価は下がるものの解約し他社への顧客流出を防ぐことに成功しました（図表11-3）。

上記のように、**データの目線だけでは得られない示唆をドメイン知識を用いて得る**のは、分析結果の読み解き・解釈の本質であり、ビジネスシーンでデータ分析をすることの魅力そのものでもあります。データ分析の際には、必ずビジネス・業務に詳しいメンバーもチームメンバーとして配置し、ビジネスとして現実感に即した読み解き・解釈が可能なようにしておくことが重要です。

②ビジネス的に意味のある比較軸の設定

2つ目に挙げるポイントは**比較軸の設定**です。これは先述した「基準値とのかい離」と近い話ですが、前者が数字の世界だけで解決する基準値との比較であるのに対して、こちらはより明確にビジネス的に意味を持たせた比較対象を用意することを指します。百貨店における顧客セグメントを用いた注力顧客の検討事例をもとに考えてみましょう。

ある百貨店Aでは、競合B社と比較して近年売上が伸び悩んでおり、百貨店のメインターゲット層である富裕層顧客をペルソナに応じてより細分化し、限られた予算の中でどのような顧客を優先的に囲い込んで売上を最大化

図表11-4	百貨店における富裕層顧客のクラスタ分析の結果

		クラスタの特徴	人数構成比 （カッコ内は前年 からの変化率）	平均 レシート単価
顧客グループ	①都会の賃貸に 住む若手	●都会の賃貸物件に住む若い独身／二人暮し ●高賃料に加え、食費・旅行・衣服にもお金をかけている	15% (+1%)	4,247円
	②医療・保険に 投資するシニア	●比較的高齢の二人暮し、または夫婦＋子供一人 ●医療費や保険への出費が多い（将来の備えや節税 対策）	4% (+1%)	5,912円
	③子育てママ	●子供を抱えた40代以上の女性 ●子供に関する出費が多い（特に学費） ●他には食料品への支出も多い	10% (+1%)	6,038円
	④レジャー重視 ファミリー	●持ち家の30、40代ファミリー ●結婚・出産を機に住宅購入、旅行やレジャーをファミ リーで楽しむ傾向	20% (±0%)	5,163円
	⑤美食家	●食費や衣服にお金をかける50代以上シニア 　役員クラスが多い ●時間にも余裕ができ、少し高めの外食に行く	21% (+1%)	5,641円
	⑥豪邸富裕層	●収入・年収2,000万円以上の割合が高い ●住宅に費用をかける顧客が多く、豪邸や別荘を購入	4% (▲29%)	3,757円
	⑦地方で 資産保有	●都市部よりも地方での支出に占める自動車や持ち 家購入金額の割合が多い ●夫婦共に自動車移動で複数台持ち	3% (▲1%)	4,544円
	⑧ノーマル タイプ	●母集団は大きいが、支出に占める特徴的な費用項目 はなし	22% (▲1%)	6,780円

出所：筆者作成のダミーデータをもとに集計・作図

するかを検討していました。クラスタ分析を用いて富裕層顧客をいくつかの
グループに分け、どの顧客グループに注力すべきかを検討するアプローチは
自然に感じます。実際、この事例の中でもクラスタ分析の結果をもとに顧客
グループを比較し、8つの顧客グループのうち、前年からの人数構成比の低
下や客単価の低さが最も目立つ「⑥豪邸富裕層」グループを強化していく方
向でアクションを取ろうとしました（図表11-4）。しかし、この判断は本
当に正しいのでしょうか？

　もとのビジネス課題に立ち返ると、業界最大手の競合B社と比較して売上
が芳しくないことが検討のスタート地点でした。そこで、改めて自社の状況
だけでなく、競合他社との差分を比較できるように分析しました（図表11

図表11−5　富裕層顧客のクラスタ別の競合他社とのシェア率比較						
	百貨店A社 （自社）	競合B社	競合C社	競合D社	競合E社	合計
①都会の賃貸に住む若手	18%	25%	23%	12%	21%	100%
②医療・保険に投資するシニア	19%	20%	47%	6%	9%	100%
③子育てママ	24%	38%	14%	13%	11%	100%
④レジャー重視ファミリー	29%	25%	16%	9%	21%	100%
⑤美食家	16%	30%	13%	27%	14%	100%
⑥豪邸富裕層	14%	11%	12%	35%	28%	100%
⑦地方で資産保有	17%	20%	50%	6%	7%	100%
⑧ノーマルタイプ	17%	19%	33%	15%	17%	100%

出所：筆者作成のダミーデータをもとに集計・作図

−5）。すると、自社のデータを見て課題と感じていたシェア率の数値が低い顧客である「⑥豪邸富裕層」グループは、競合B社でも実はシェア率は低く、競合D社/E社が当該顧客層の6割以上を押さえていることがわかります。

　一方、近年売上を飛躍的に成長させているB社は「③子育てママ」グループと「⑤美食家」グループのシェア率が共に1社で30％を超えており、B社躍進を支えていることが読み取れます。

　上記を踏まえると、B社に追随して差分を埋める戦略を取るのであれば「③子育てママ」グループと「⑤美食家」グループの2つの顧客層に向けた商品開発やマーケティング戦略を取っていくことが最適な戦略に思えます。また、逆にB社との差別化戦略を打ち出すのであれば、既にD社/E社に囲い込まれている「⑥豪邸富裕層」グループではなく、自社のシェア率が最も高い「④レジャー重視ファミリー」グループに着目し、ラグジュアリ×グランピングといった方向性で施策を打つなども1つの手でしょう。

　このように、同じ数字を眺めても、単独で数値を見ていた場合と、ビジネス

第11章｜分析結果の読み解き・解釈　247

的に適切な比較対象を用意して見比べた場合では、全く異なる結論になることはビジネスシーンにおいてよく見られます。そのため、分析結果の読み解き・解釈においては、何と比較するべきかを常に意識しながら分析をブラッシュアップしていくことで、より本質的なビジネスアクションの見極めが可能です。

③ローデータに立ち返った個別事例の提示

　3つ目にご紹介するのは**ローデータ（集計・分析前の生データ）の重要性**です。分析結果を各ステークホルダーなど関係者に説明する際にぶつかる壁の1つが「イメージがわかない」、「自分の感覚と異なる」といった意見です。人間は自身の体験の中にある失敗や、強烈にイメージが付いている事象と異なる分析結果に対して反発してしまう傾向があるように思います。

　また、各種の集計や分析モデルから得られる分析結果は、平均値やそれ以外の統計値も含めて丸まった形になっている以上、"個"の事象のイメージがわきにくくなるのはその通りだと思います（逆に、個のデータに縛られずに俯瞰して見ているからこそ本来は価値があるのですが）。これらの問題を乗り越えるために筆者らがよく用いるのが、ローデータによる個別事例の提示です。今回は食品メーカーにおける製品改訂の事例をもとに考えてみましょう。

　ある食品メーカーでは、前年に発売され急成長した商品Xの売上が鈍化し、売上改善を求められている状況でした。該当商品はお米を簡単に美味しく食べられる商品で、小さな子供がいる主婦などの顧客層が多く利用していると想定されています。商品Xの好評を背景に競合各社からも類似商品が発売され、顧客の奪い合いが起きているのではないかと考えました。上記を打破するため、改めて現状の商品Xの購入者を分析し、繰り返し購入してくれているヘビーユーザーの特徴をもとに商品改定の糸口を探ろうというのが本事例の目的です。

　決定木分析等を経て、ヘビーユーザーになりやすい顧客の特徴をあぶりだしたところ、右のグレー部分のような特徴が見られました。

　右記は元々想定していた仮説とは大きく異なり、主婦層というよりはキャリアウーマン層に顧客がシフトしているのではないかという新たな仮説が生

- 20代中盤〜30代前半の女性
- 主婦ではなく、日中はオフィス街で勤務
- コンビニでの購入が多い
- 同時に惣菜をよく購入しており、肉系・ガッツリが多い

まれます。しかし、この分析結果を関係者に報告したところ、「こんなはず
はない」、「以前は確かに主婦層が購入していた」と反発を受けました。前述
の通り、個が見えない集計値としての説得には限界があると考え、ローデー
タを改めて確認し、個別の事例を提示して納得感を得てもらうよう方向性を
転換しました。

　具体的には、図表11−6のような個別事例を用意しました。先に述べたよ
うな顧客像に一致する情報を提示することはもちろん、より具体的な人物像

図表11−6　ローデータから得られたヘビーユーザのペルソナ

■ サンプルAさん
女性　自営業・フリーランス業

- 惣菜をよく購入しており、肉系・ガッツリが多い（牛ライスバーガー、餃子）
- 商品X購入時期からおにぎり購入個数が急増している
- 2019年以降はコンビニ昼食の増加が目立ち、簡便な食事へと食生活がシフト
- 昼の購入場所・夜の購入時間帯が変化しており、ライフスタイルが変化している様子
- 同時に趣味出費、旅行出費等が増加

＜商品X/類似商品の購入変遷＞

	20XX年			20XX年		商品X初回購買			20XX年
	4月	7月	10月	1月	4月	7月	10月	1月	
商品X購入個数：					2	2	1		1　1
類似商品購入個数：		1	3　2	1　1　1	4　4	3　5	3　3	4　1	3　8　8

＜食以外の出費傾向＞

- ジム、音楽、漫画、ゲーム、映画動画、書籍などの趣味にお金を使う傾向にある
- 外食や食料品購入時間が遅く、多忙なライフスタイルが想定される

出所：筆者作成のダミーデータをもとに集計・作図

をイメージしやすいよう食事以外の面も含めた各種のペルソナ情報を付与しています。

　個別事例の提示により、関係メンバーもようやく納得感を持って分析結果を受け入れ、データドリブンでのビジネスアクションにつなげられた事例です。データ分析のスキル・知見が高まってくると、どうしても複雑な分析結果にとらわれがちですが、**他者に説明する際には意識してローデータ、最小粒度のデータに立ち戻り、そこから直接示唆を読み取る工夫を忘れてはならない**ということを改めて意識してください。

分析示唆導出の落とし穴

　ここまでいかにデータ分析の結果を読み解き・解釈して、ビジネス示唆を出すかのポイントについて、データ目線・ビジネス目線のそれぞれで注意すべき点を確認してきました。前節まではどちらかと言うと、いかにデータと向き合い示唆を引き出すかという点に焦点を当ててきましたが、実際のビジネス現場では読み解き・解釈のテクニックだけではなく、データ分析者側の意識の面で足をすくわれることがあります。分析示唆導出のフェーズで陥りやすい落とし穴について2つのポイントに触れて、本章の締めくくりとしたいと思います。

　改めて、分析示唆とは何なのかを考えてみましょう。筆者らは複数の分析結果から導出される結果を多角的に読み解き、**ビジネス課題の解決に向けたアクションの方向性を示すこと**、と考えています。そのためには、関係者間で共通の認識を持つことに加え、実際のビジネスゴールを達成できるアクションになっていることが必須です。

　実際にビジネスの場でデータ分析を進めていると、徐々に当初の目的から外れてデータにおぼれてしまうことが多々あります。そんな際に陥るのが、**「独りよがりな分析結果の提示」**です。データ分析者にとっては非常に面白い分析結果が得られたと感じて関係者に報告するのですが、一部の面白い部分だけが切り取られて全体感を失っていたり、本来のビジネス課題から考えると些末な事実だったりします。分析結果を報告する前に一度、第三者の視点に立ち返り、自分が出している分析結果は本当にビジネス課題の本質をついているか、独りよがりなものになっていないかを常に振り返る必要があります。

　もう1点注意したいのが、**「レイヤー間で認識にギャップがある」**場合です。上記のような独りよがりの分析結果は乗り越え、現場レベルでの関係者

間でも共通の認識を取った上でビジネスアクションを定めても、いざマネジメント層に報告や意思決定を求める場に立つと、マネジメント層からそもそもの方向性がずれていると言われてしまうことがあります。これは、どちらかが間違っているということではなく、現場とマネジメント層で目線の違いがあるため起こることが多いと言えます（図表11−7）。そのため、ピカピカに磨いた分析結果・ビジネスアクションをマネジメント層にピンポイントで報告するのではなく、頻繁に小出しに分析結果を共有し、ビジネスアクション検討や意思決定までの道のりをマネジメント層も含めて共に歩いているようなアプローチを取る方が結果的に失敗は少ないと言えます。会社によっては、マネジメント層と距離があって難しいということもあるかもしれませんが、マネジメント層の関与・コミットメントが高い企業ほど、AI・データ活用は成功しやすい傾向もありますので、この点はぜひ意識しながら進めてください。

　本章では、各種の集計やモデル構築の結果をビジネス的にどのように読み解き・解釈していくのかのポイントに触れてきました。あくまで本質はしっかりとビジネス課題を解決するアクションに落とし込めるかという点にあります。そのためには、テクニックだけでなく関係者の巻き込みも含めた総合的なアクションが必要になることを理解した上でぜひ実践してみてください。

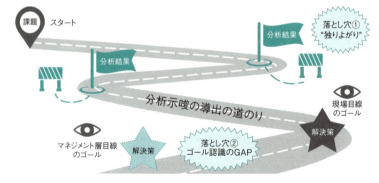

図表11−7　分析示唆導出に向けた落とし穴

出所：筆者作成

第11章のまとめ

- ☑ ビジネスシーンでのAI・データ活用は、「データ分析して終わり」ではなく、分析して得られた結果をいかにビジネス的に解釈し、次のアクションにつなげていくかが肝要である

- ☑ 「変化点の確認」や「基準値とのかい離」といったデータの大きな変動をもとにした結果理解はもちろんのこと、ビジネス目線でいかに分析結果を解釈できるかが成否のポイントとなる

- ☑ ビジネス目線で解釈を進める上では、下記の3つを常に意識しながら聞き手にとって説得力のある示唆の導出を心がける
  - ①ビジネス背景や業務知識と掛け合わせて、ビジネス的に意味のある読み解きをおこなう
  - ②比較対象を設定することで、絶対的な数値の大小だけでなく、分析結果に相対的な意味合いを持たせる
  - ③平均などの全体傾向だけでなく、具体的な個別事例も提示しながら、聞き手にとっての納得感を高める

- ☑ 上記に加えて、マネジメント層が求めるものは何なのかを常に意識しレイヤーによる認識の違いや自身の独りよがりな分析示唆導出となってしまわないように注意を払う

第11章｜分析結果の読み解き・解釈　253

第12章

分析モデルの運用・高度化

ここまでデータ分析の全体プロセスに沿って、課題定義・仮説立案から、データ収集・加工・探索、そして実際の分析・結果の読み解き・解釈とそのポイントを説明してきました。前章までのポイントをしっかりと押さえて実践すれば、ビジネスアクションまでつながるよい分析をご自身で手掛けることも可能だと思います。しかし、実際のビジネスシーンでは一度きりのデータ分析では終わらず、それを仕組み化して継続的に運用・高度化できる形にしてはじめて本当の意味でのビジネス価値創出が可能です。本章では、分析モデルを構築した後、それをどのように運用・高度化していくのかについて説明します。

分析モデルの運用

　冒頭でも触れた通り、ビジネスシーンにおいてデータ分析は一過性のものでなく、仕組み化され継続的に活用可能なように整備することが重要であるケースが多くあります。では、PoC（Proof of Concept：概念実証）のフェーズを乗り越えて、商用化のレベルまで到達しているAI・データ活用の取り組みはどれだけあるのでしょうか。Gartner等のリサーチ会社の調査結果によると、PoCで作成されたAI・機械学習モデルが最終的にビジネス実装されなかった割合は90％、ビジネス実装されても商用化までにかかった期間は9か月という衝撃の結果が発表されています。

　つまり、貴重なAI・データ人材を従事させ、一定の投資をしてまで作ったPoCにおけるアウトプットのほとんどは無駄に終わっていることになります。これでは、企業におけるAI・データ活用のステージは上がっていきません。

　では、なぜ多くのケースにおいてPoCで作成されたAI・機械学習モデルがビジネス実装までたどり着かないのでしょうか。その一因として、AI・機械学習モデルのシステム実装が従来のシステム開発とは大きく異なる点が挙げられます。AI・データ活用を取り巻くシステム開発は非常に膨大かつ複雑なので、様々な課題・リスクが発生します。そのため、多くの企業が課題・リスクに対応しきれず、AIのビジネス活用が進んでいないというのが実態です。それでは、ここからは従来のシステム開発と比較して、どのような点が異なるのか、難しいのかの具体内容を確認していきましょう。

Point 2 ①CACE原理

　まず、最初に説明するのはCACE原理です。これは「Change Anything, Change Everything」の頭文字を取った考え方で、文字通りAIシステムにおいては"何かを変えれば、すべてが変わってしまう"ということを意味しています。どういうことかをもう少し詳細に見ていきましょう。

　まずは前提として、改めてモデルの学習と推論について触れていきたいと思います。これまでの章で触れてきた分析モデルの開発は、事前に収集した過去の実績データをもとに目的変数（≒ビジネス的なゴール）を当てる式やルールを作るものでした。これは正確には、**モデルの学習（Training）**と呼ばれる行為です。

　ビジネスの現場では、当然過去を振り返るよりも将来への予測をおこなう際にAIを活用する方がより効果を発揮するので、学習したモデルに現状または将来の数値を当てはめてどのようなことが起こるかを予測します。このように、**学習データ以外のデータを用いて、モデルから予測結果を得ることを推論（Inference）**と言います。

　では、ここで学習データの一部に間違いがあり、刷新しなければならなくなった場合を考えてみましょう。学習データ自体を洗い替えることはもちろん、学習データが変わることによって、当然モデルを学習する際のプログラムや参照先のスキーマ、データ名なども変わります。学習の結果、得られたモデルにおける各特徴量の重要度・寄与度も変わりますし、モデルの精度を最大化する上での最適なハイパーパラメータの数値も変わります。そして、学習だけでなく推論用のプログラムの中身も変わり、結果として得られる推論結果の数値も変わります。今、ここで述べただけでもおわかりいただける通り、1つの要素の変更が学習〜推論に至るAIシステムの様々な要素に影

第12章｜分析モデルの運用・高度化　257

響し、変化を及ぼします。

　また、影響を及ぼす範囲の問題に加えて、管理すべき対象のパターン数も複雑性を上げる要素として挙げられます。従来のシステム開発において主にバージョンの管理対象となるのは、プログラムのソースコードとConfigファイルのようなパラメータでした。

　一方、AIシステムにおいては、ソースコードやパラメータだけでなくモデルの学習や推論に用いるデータもバージョン管理をする必要があります。それだけでもパターンの組み合わせ数は爆発的に増えるのですが、AI開発においてはトライアル＆エラーを繰り返して精度向上を試みるという性質上、特徴量を追加・削除してデータが変わった、学習させるデータの期間を変更した、数あるハイパーパラメータを数十のパターンで振り分けて精度を検証したといったように加速度的にバージョンが増えていきます。

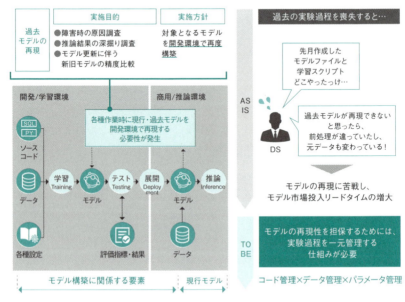

図表12-1　CACE原理とモデルの再現性

出所：筆者作成

上記のような背景から、しっかりとした管理体系を築いておかないと、過去の分析結果の再現さえ苦労する（場合によっては不可能になる）というのがAIシステムの実情です。これらを回避するため、一般的には実験管理ツールを導入します（図表12－1）。

　例えばAWS（Amazon Web Service）を利用している場合であれば、PoCのフェーズではSageMaker ExperimentsやSageMaker Pipelinesといったツール群を活用し、本番運用のフェーズであれば、SageMaker Projectsというツールを用いてモデルの学習・展開・監視のCI/CD（Continuous Integration/Continuous Delivery：継続的インテグレーション/継続的デリバリー）パイプラインの構築・運用・管理を一元的におこないます。当然、AWS以外のクラウドサービスでも類似のサービスがありますので、気になる方はそれぞれのサービスプロバイダのサイトで調べてみてください。

②継続的な再学習

　AIシステム開発の難しさの2点目は**再学習**です。皆様も既にご理解の通り、AI・機械学習モデルは一度作成したら終わりではなく、常に予測精度などを確認しながら作成したモデルが陳腐化していないかを確認する必要があります。これを怠れば、モデルが想定したビジネス効果を生まないことはもちろん、最悪の場合マイナスの結果を生んでしまうことも考えられます。AIではなく人が実行した方がはるかに効果が高いケースもありえます。

　上記のような何か予期せぬ変化によって、時間の経過と共にモデルの精度が劣化することを**ドリフト（Drift）**と呼びます。このドリフトにはデータドリフト（Data Drift）と概念ドリフト（Concept Drift）の大きく2つの種類が存在します。それぞれについて、どのような事象なのかを確認しましょう。

①**データドリフト**

　まずは**データドリフト**です。**モデルの学習時と推論時でインプットデータの分布に大きな変化が起こった際に起こる問題**です。例として、ECサイトにおける商品レコメンドのAIシステムを考えます。商品レコメンドのモデルは既存会員の過去購入実績データをもとにしてモデルの学習がおこなわれます。学習データの中では主に20代、30代のユーザーが多かったため、その年代の嗜好性に応じたレコメンドに適したモデルです。しかし、あるタイミングで広告施策やサービス統合によって一気にシニア層が増えてしまったらどうでしょうか。学習時と推論時で大きく年齢層のデータ分布が異なり、結果としてシニア層向けに適切なレコメンドがおこなえない可能性が高まります。これがデータドリフトです。

②概念ドリフト

　もう1つは**概念ドリフト**です。これはよりドラスティックな変化により発生します。最もよい例は、COVID-19の流行かもしれません。COVID-19の流行により、消費行動そのものが非常に大きく影響を受けました。消費財メーカーであればマスクや消毒関連商品の売上が爆発的に増え、航空・観光といった業界は外出自粛を背景に軒並み売上が下がるなど、それぞれの業界でかつてないほどの地殻変動が起こりました。

　COVID-19までは高精度の予測結果を叩き出していた売上予測AIも、過去と大きく傾向が変わったこの時期には精度を担保することは難しかったと言わざるを得ません。このように**データ分析者側ではコントロールできないような分析の前提自体が変わってしまうようなドリフト**を概念ドリフトと呼びます（図表12−2）。

　いずれのドリフトについても、放置をすればモデル精度の劣化・ビジネス効果の低減を引き起こすため、いかに早くドリフトの発生に気づき、最新の

図表12−2　データドリフトと概念ドリフト

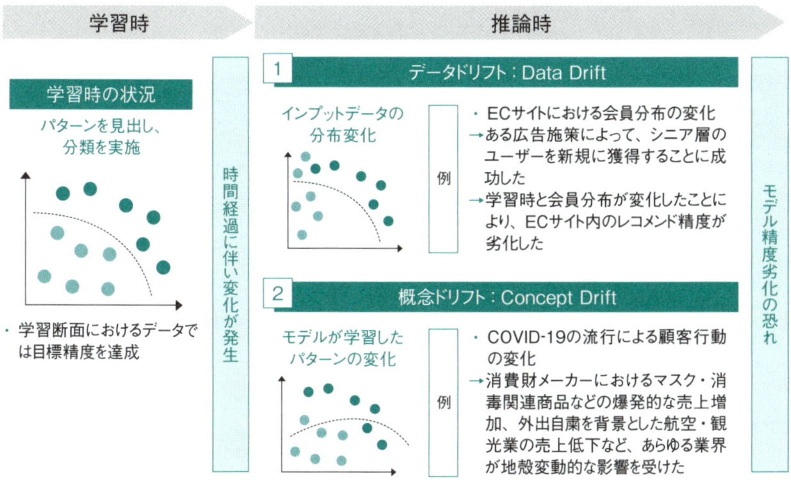

出所：筆者作成

第12章｜分析モデルの運用・高度化　261

データを用いて再学習するかが重要です（図表12 − 3）。上記を実現するため、AIシステムを構築する際には各種のモデル監視の仕組みを構築します。しかし、監視と言ってもモデル運用の観点で見るべき指標も複数存在します。

- データの分布変化のモニタリング
- データバイアスのモニタリング
- モデル精度のモニタリング

　上記はあくまで一例ですが、インプットデータの分布が急に変わってしまった場合（欠損値が急激に増えるなども含む）、発生の検知から性別など特に注意が必要なセンシティブ属性の偏りの検知、モデルの予測精度自体が低下していないか結果指標のチェックまで多岐にわたる監視をおこないます。これら3つの指標のようにどのケースでも見るべき指標もあれば、解釈性の変化などケースに応じて独自で追加すべき監視指標もありますので、実際のユースケースに沿って必要な監視指標を洗い出し仕組み化することが重要です。

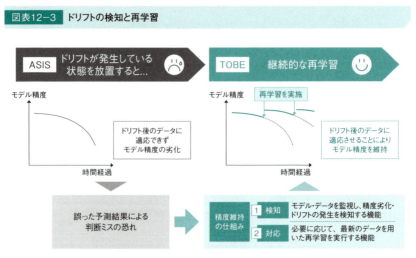

図表12−3　ドリフトの検知と再学習

出所：筆者作成

③責任あるAI (Responsible AI)

　3つ目にご紹介するのは**責任あるAI**の観点です。責任あるAIとは、**顧客や社会に対してAIの公平性・倫理性を担保する方法論**を指します。これはモデル運用の観点でも非常に重要ですが、昨今では生成AIの文脈でもホットトピックになっていますので、ぜひこの機会に要点を理解してください。

　AI活用において公平性や倫理性がないとどのような問題が起こるのでしょうか。例えば、証券会社では株式購入のポテンシャルを予測し、優先営業顧客の絞り込みをしたい際にもAIは活用可能です。これまでの章で学んできた通り、過去の顧客別の売買実績や顧客の属性データを用いて株式購入の予測モデルを構築し、どの顧客の購入確率が高いのか一覧を得られます。

　しかし、実際にこの取り組みを進めると困った壁にぶつかります。購入確率が高いと判定された顧客の多くが、高齢層の顧客になるのです。株式購入を頻繁に繰り返す顧客は必然的に保有資産が大きい傾向にありますが、日本においては多くの場合若年層より高齢層の方が資産を有しています。そのため、AIが学習時に年齢が高いことが資産を多く持っており株を購入してくれやすいと誤解してしまうのです。

　それでもビジネス的な効果が出るならよいではないかと思われる方もいるかもしれませんが、本来は資産が多いという特徴を採用すべきだったはずのため、若くして多額の資産を持つポテンシャル層を見逃し、新規顧客の獲得が進まない可能性もあります。

　また、それ以上に深刻なのは、この分析結果を見た営業員は高齢層を集中して攻めるべきと考え、高齢層への押し売りが加速し、企業としての倫理観の低下やブランドイメージの棄損を起こすリスクがあることです。AIという客観的な存在が示したからこそ、深く考えずに妄信したアクションを起こ

してしまうビジネスパーソンも一定数出てくるでしょう。これでは、本来の
AI・データ活用が目指すことから外れてしまいます。

　図表12－4の例は、たまたま年齢と保有資産の間に相関が見られること
から、本来は保有資産を特徴量として採用すべきにもかかわらず、目的変数
と疑似相関の関係性にある年齢を採用してしまったことにより起こった結果
です。ビジネス的な正しい理解や公平性・倫理性を考慮した特徴量設計をす
ればそもそも年齢を省いた分析も可能で、その場合は保有資産額が重要な特
徴量として得られたでしょう。

　上記のような問題を避ける意味でも企業における責任あるAIの実践が重
要でAIガバナンスそのものと言えます。リスク判断の基準やポリシーの設
計、AIガバナンスを担当する組織の立ち上げ、リテラシー向上のための教
育など、企業として取り組むべきことは多岐にわたりますが、本書ではAI
システムという観点でどのようにバイアスを防ぐ仕組みを構築していくかに
注力して触れていきます。ガバナンスの全体像については、筆者らの『責任
あるAI：「AI倫理」戦略ハンドブック』（東洋経済新報社）に詳細を記して
いますのでそちらもご参考ください。

　AIシステムの実装という観点で責任あるAIに最も関連するのは、バイア
スの問題です。仮説構築の章でもサンプリングバイアスや確証バイアスにつ

図表12－4　AIアウトプットが起こす公平性・倫理性の問題例

例えば証券会社では
どんなリスクがありえるのか？

これまでの
売買実績

インプット

AI

これまでの顧客に
多い共通点を学習

アウトプット

＜AIのおススメ営業先リスト＞

氏名	性別	年齢	スコア
Aさん	男性	63	90
Bさん	男性	74	88
Cさん	男性	58	87
Dさん	男性	60	83
⋮	⋮	⋮	⋮

提案

リスク

●高齢男性ばかりに
営業先が固まり、
女性や若年層など
のポテンシャル層
への新規開拓が
進まない

●高齢層への押し売
りが加速し、企業
として倫理面や信
頼性を損ねる可能
性がある

出所：筆者作成

いて触れましたが、分析モデル構築のフェーズにおいても、バイアスは根深い問題として関わってきます。これまで触れたいくつかのバイアス以外にも多種多様なバイアスが存在し、総称して**アルゴリズミックバイアス**と呼びます。これらをいかに検知して問題のない分析アウトプットを出力していくかは非常に重要です。

＜アルゴリズミックバイアスの種類＞

- 社会的バイアス：モデルの学習時に使用するインプットデータに組み込まれた歴史的・文化的なバイアス
- サンプリングバイアス：本来の母集団を表すデータが抽出できていないことにより起きたインプットデータのバイアス
- コンセプトの欠陥：ビジネス目的（目的変数）の間違った設定、モデル構築単位の間違った設定など、モデル構築上の設計ミス
- モデルの不透明度：モデルの結果得られた重要な特徴量の解釈性不足による透明性の欠如
- モデルバイアス：モデルを構築する際にトライアル＆エラーを繰り返す中で学習データのバイアスが増幅されてしまった結果起こるバイアス
- 確証バイアス：AI開発者が事前に持っている仮説を重視して分析結果を無意識に都合がよいように出力・解釈してしまうバイアス
- 測定バイアス：モデルの学習や精度検証に使用される入力データ・結果の測定が不十分で起こるバイアス
- オペレーションバイアス：モデルを運用する上で前述したドリフトにより起こる精度劣化
- 不明瞭な結果：開発者やモデルのアウトプットが適切ではない、またはわかりやすく表現できていないことにより起こるモデルアウトプット理解の困難さ

これら**多種多様なアルゴリズミックバイアスを防ぐため、モデルの出力結果を評価・モニタリングし、バイアスを防ぐ仕組みを構築することがAIシステムの開発では重要**です（図表12－5）。

　それでは、具体的な例を見てみましょう。とあるインフラ会社では支払滞納の顧客への督促を効率化するため、データ分析を活用しようとしていました。督促しやすい顧客の特徴を知ることで、事前に支払のリマインドをするなど可能な限り滞納が起こらないようにしようとしたわけですが、インフラ企業という公平性の求められる企業の特性上、データ分析の結果得られた督促可能性のスコアが倫理的に問題ない公平性が担保された機械学習モデルとなっているかを検証しました。

　年齢や性別といったセンシティブデータはそもそも分析に使わないようはじめから工夫されていましたが、改めてセンシティブデータについて利用されていないかを検討したところ、「国籍」という観点で疑義が入りました。

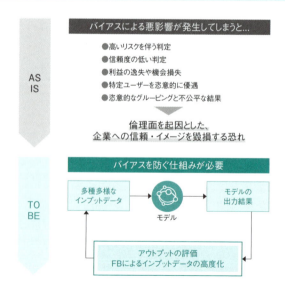

図表12－5　AIシステムにおけるバイアスを防ぐ仕組みの重要性

出所：筆者作成

266

この企業自体はそもそも顧客の国籍データは収集していないので機械学習モデルには国籍に関わる情報は入っていないと考えていましたが、住所情報が結果的に国籍と相関があるのではないか、という意見が出たのです。都内にお住まいの方はご存じの通り、一部の区では海外出身の方が多い地域が存在します。その情報が間接的に国籍（細かい国籍というよりは日本人か否か）を示してしまっていたのです。

　この経験を踏まえ、該当のインフラ企業では上記の住所はもちろんのこと、性別・年代なども含めた各種センシティブデータと高い相関を示し、間接的にセンシティブデータと同様の傾向を示す可能性がある特徴量は除外した上で機械学習モデルを作り直しました。その結果、センシティブデータを用いた場合よりも予測精度は低下しましたが、企業としては公平性・倫理性を担保した安全性の高いモデルを作ったと言えます。

分析モデルの高度化

　前節で触れたように、分析モデルの運用に関してはAIシステムの中に様々なモニタリングの仕組みを導入し、ドリフトやバイアスなど様々なモデルの問題を検知していくことが重要だと理解いただけたと思います。それでは、実際にモデルの問題点を検知した後、分析モデルを高度化していくにはどのようなことに気をつければよいのでしょうか。バイアスの問題で「性別」のデータは特徴量から除外する、といったアクションが明確な場合はよいのですが、漠然と精度が低下していることだけがわかっている場合は何をすればよいのでしょうか。

　最も現実的なアプローチは、**エラーアナリシス**をおこなうことです。モデル構築におけるエラーアナリシスとは、**モデルの予測結果が正しかったデータと間違ったデータの間にどのような違いがあるのかを具体のデータを深掘りしながら原因を確認していくプロセス**を指します。①深掘り対象の特定、②原因の特定、③モデルの再構築の3つのステップを順に進めていきます。特に②の原因の特定は、定量的に正解／不正解グループの違いを明確にしつつビジネス的になぜそのような違いが起こっているのかを考えることも必要なため、ビジネスと分析の総合力が求められます。分析結果の読み解き・解釈の際と同様に、AI・データ活用人材だけでなく、ドメイン知識のあるメンバーと協働して臨むのがよいでしょう。

　原因を特定した後は、該当ポイントの改善をおこなった後にモデルを再構築しますが、このエラーアナリシスを繰り返しすぎると学習データに過剰に適応した汎用性のないモデルになってしまう（過学習）ので、その点には注意が必要です（図表12-6）。

　原因として特定されるものには、モデル構築のインプットデータ自体を見

図表12-6 モデル高度化のためのエラーアナリシス

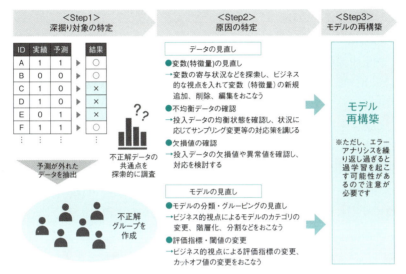

出所:筆者作成

直す必要がある場合と、モデル自体の見直しが必要な場合があります。データの見直しについては「特徴量の追加・削除・編集」「不均衡データの補正」「欠損値の確認」、モデルの見直しについては「モデル構築単位の見直し」「評価指標・閾値の変更」が代表的なアクションとして挙げられます。ここまで本書を読み進めていただいた皆様であれば上記の大半は何をするかご理解いただけると思いますが、モデルの見直しにおける「モデル構築単位の見直し」について補足します。

筆者らの過去の取り組みの中で、世界の名だたる企業を対象に各社のESGの取り組みがどれだけ企業価値に影響を与えているかを分析した事例があります。その中では、各社の時価総額を目的変数として、売上やROA、ROEなどのファイナンス指標はもちろん、GHG排出量・SOx排出量などE（Environment：環境）関連の指標、女性役員比率・退職率などのS（Social：社会）関連の指標、内部通報件数などG（Governance：ガバナンス）関連の

指標を特徴量として時価総額の上がり下がりを説明するモデルを構築しました。

　当初、思うように予測の精度が上がらずエラーアナリシスを繰り返したところ、業種や企業の特徴によって精度に大きく差があることがわかりました。例えば、GAFAMと総称されるAmazonやGoogleといったテックジャイアント企業たちは極端な時価総額の成長を見せ、上がり幅がモデルの予測をはるかに超えていたり、日本企業で言えば複数の事業を運営するコングロマリットの企業ほど予測精度が下がっているという特徴が見られました。

　そこで、業種や企業サイズで企業をいくつかのグループに分割し、グループごとに予測モデルを構築したところ大幅に予測精度が改善する結果となりました。この事例では、予測に用いた分析手法が線形モデルであったためより効果が大きかったと言えます。非線形のモデルを採用すれば、企業の特徴に合わせてモデルを構築してくれるはずではないかと思う方もいるでしょう。理論的には全くもってその通りなのですが、ビジネスの世界では現実の複雑性やデータの量・品質といった面も含めて必ずしも理想通りにはモデルが機能してくれないことも多くあります。その際には、**分析のテクニックだけで高度化するより、エラーアナリシスの結果とビジネス的な仮説・解釈を踏まえて思い切って予測対象をグループ化し、モデルの構築単位を分割する**のも成功の一手であるということを頭の片隅に置いておいてください。

　本章では、モデルの運用・高度化の観点から、いかにAI・機械学習モデルを企業にとってサステナブルな仕組みとして使っていくのかについて触れてきました。AI・データ活用は一般的にPoCフェーズでは投資的な扱いになり、本当の意味で投資を回収しビジネス的なROI（投資対効果）を成立させるためには、現場で安定的に利用することが絶対条件です。ビジネスシーンの多くのデータサイエンティストたちさえ、実運用のフェーズまで経験している人材はいまだ少なく、これからもモデルの運用・高度化は企業にとって本質的な課題として当分続くでしょう。その際、本章の知見が自社でサステナブルなAIシステム構築をしていく一助となれば幸いです。

第12章のまとめ

☑ AI・データ活用で継続的にビジネス効果を得るためには、構築した分析モデルやAIをエンタープライズのシステムに組み込み、運用していくことが必要となる

☑ AIシステムはこれまでのシステム開発とは異なる点も多いため開発・運用の難易度も高い。その一因として、管理対象の多さやバージョン管理の複雑性が挙げられる

☑ また、データドリフトと呼ばれるデータの性質変化により、予測精度が低下することに対応するために、再学習の仕組みを整えることも重要となる

☑ 予測精度の観点だけでなく、AIが出力した結果が倫理・公平性の観点から問題がないものかを監視するための「責任あるAI」の仕組みを整備していくことも求められている

☑ 上記のような予測精度や公平性などの問題点を検知した場合は、エラーアナリシスをおこない、具体的な改善ポイントを特定し、AI・データ活用のPDCAサイクルを回していく

第12章｜分析モデルの運用・高度化　271

第13章

データドリブン型人材を
目指すに当たって

本書では、これまで生成AI時代において改めて学ぶべき、AI・データ活用の方法論や技術論について学んできました。しかし、これらを自身で実践できるレベルまで理解していただいたとしても、実際のビジネスシーンにおいては技術だけでは解決できない場面も多く存在します。本章では、これまで学んできた方法論・技術論に加えてデータドリブン型ビジネス人材として持つべき心構えについても触れていきたいと思います。

生成AI時代に何が求められるのか？

　本書では、これからの生成AI時代にデータドリブン型ビジネス人材として求められる力をデータ分析のプロセスに沿って説明してきました。特に第9章では、実際のデータを用いて生成AIを活用しながら分析の体験もしていただきました。生成AI時代には、今まで通りのビジネス文脈でのAI活用による効率性の向上のみならず、プログラミングを要さず簡単な分析は自身で生成AIを活用して実行する機敏さも求められます。しかし、そういった時代が訪れると、「すべてAIがやってくれるから人間は何もしなくてもよくなるのではないか」と思う方もいるでしょう。実際、世の中に溢れるニュースでも同様のことが語られています。しかし、これは本当でしょうか。

　ここまで本書を読み進めてくれた読者の皆様であれば、生成AIが登場してもそんなに簡単に済む話ではないことは既にご理解の通りです。改めて、本書の締めとして生成AI時代を生き抜くにあたり、これからデータドリブン型ビジネス人材として活躍する皆様に伝えたいことをまとめます。

Point 2　AIと協働する

　現在、特に生成AIについてはニュースに登場しない日はなく、まさにバズワード化していますが、ニュースや先行事例で語られている内容は、業務の効率化・自動化がメインの目的であることが多いと言えます。文書作成の自動化、議事録の自動作成、プログラミングの自動作成などもそれらに該当します。しかし、筆者らはそれだけが生成AIの価値だとは考えていません。AIと人間が協働することにより、より大きなビジネス価値を生むことが可能なのです。前述した人間のアイディアをAIが理解し、過去の世界中の（場合によっては自社独自の）知見をもとに抜けもれを補完してくれたり、人間では思いつかなかったアイディアを強化してくれたりといった仕事のクオリティの向上もその一例と言えるでしょう。また、第9章で実践していただいたように、自身の知識をベースにしながら生成AIに指示を出し、問題があればインタラクティブにAIとコミュニケーションを取りながら、よりよい品質のアウトプットを創出していく。これもAIと人間の協働の1つの姿だと思います。今回は、データ分析というテーマで実践しましたが、日々の業務の中でも同様にAIをリスペクトしながら、お互いにフィードバックを与え合うことでビジネスインパクトの大きい価値を創出することが可能です（図表13－1）。

　人間とAIが協働するためには、人間がAIから知見を得ることはもちろん、AIに対して人間がフィードバックしながらAIをより賢くしていくことも重要です。実際、人間が生成AIへのフィードバックをおこないながらAIの成長につなげている事例も既に出てきています。

　筆者らが担当するあるクライアントは、各支店や現場それぞれで持っていたバックオフィス人材を全社共通のシェアードサービスセンターとして統合

図表13−1 人間とAIの協働を目指す

出所：筆者作成

し、コストを削減しながらその余剰分をDXやM＆Aなどの成長に向けた投資に使う取り組みを進めています。当然、すべての支店・現場の問い合わせを一元的に引き受けるので、大量の問い合わせを効率的にさばくためにAIコンシェルジュの導入による問い合わせの自動回答が目玉施策の1つです。アクセンチュアが社内用に構築しノウハウを蓄積しているAIコンシェルジュの知見を活用することで、クイックかつ効果的なAIコンシェルジュの立ち上げを目指したわけです。このAIコンシェルジュも内部ではGPT等の生成AIが組み込まれていますが、いくつか生成AIではうまく回答できない問い合わせもありました。

　例えば、社内の忌引休暇の取り方に対する質問にうまく回答できなかったのですが、その理由を深掘りしていくと、人事規定文書内では「忌引」ではなく、一般的な呼称とは言えない「忌服」という表現が用いられていることがわかりました。生成AIがこの忌服というワードをうまく理解できていないが故に文書検索できず、回答できなかったわけです。そこで、人事規定の文書を「忌引」に書き換えたところ、回答精度は大きく向上しました。

　また、間違った回答をするいくつかの質問については、検索先のサイトや文書の末尾に、FAQ的な「もしかしてこういう質問をお探しではないですか？」というリンク先のワードがノイズになっているケースも見受けられました。先ほどの「忌引」を例に取れば、傷病休暇等、他の事項の説明をしているサイトの末尾に関連項目として忌引休暇の説明ページへのリンクが作られており、AIはその単語に反応してしまったのです。これに対しては、AI

に検索させる際には末尾の参考情報は与えず、検索対象としないという工夫をすることで精度が向上しました。どちらも些末な例に感じるかもしれませんが、共通しているのはAIの立場になり、AIが使いやすいインプットデータは何なのかを考えていけば解決できるという点です。

つまり、これからの生成AI時代には**「人間が使いやすい・理解しやすい」文書・データを作る**という視点に加えて、**「AIが使いやすい・理解しやすい」文書・データの視点も意識しながら仕事をする**ことが重要だと言えます。とは言え、これまでに作成した過去の文書やデータをすべてAIにとっても使いやすい・理解しやすい形に変更していくのにはかなりの工数が必要です。

先ほどのクライアントの事例では、シェアードサービスセンター内にAIコンシェルジュのモニタリングとその結果を踏まえて適宜サイトや文書の文言・構成を見直す部隊を配置し、実際の回答に影響を及ぼしている点から優先度をつけて対応していける体制も構築してAIの成長をサポートしています（図表13−2）。

このように、AIとの協働では、生成AIとの会話の中でよりよい回答を求めるためインタラクティブにフィードバックしたり、プロンプトを高度化す

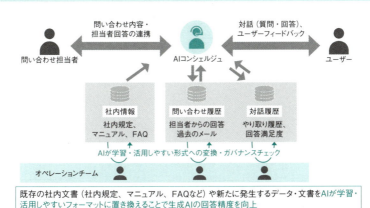

図表13−2　AI目線での文書整備に向けた体制構築事例

出所：筆者作成

るだけではなく、AIが使いやすい・理解しやすいインプットを人間側が率先して整備していくことも含めて日々の仕事を進めることが重要です。

AIを妄信せずに使いこなす

　2つ目はこれまでも再三述べてきましたが、**AIを妄信せず真偽を見極め使いこなす**ことです。これはAIと協働するという1点目と矛盾しているように感じるかもしれませんが、私たちは現実世界で仕事仲間と協業する際も同じことをしているはずです。仲間を信じつつ、言っていることや成果物の内容が正しいかはロジカルに確認しますし、そこに間違いがあれば信頼しているからこそ、間違いを指摘します。AIともそういった信頼関係を築くべきなのです。

　これまで述べてきた通り、特に生成AIはハルシネーションを起こします。既にこの弊害は世界中に例があり、ニューヨーク州連邦裁判所では弁護士がChatGPTの嘘に振り回された事象が発生しています。事件は「フライト中に食事配膳用カートにより怪我をした」と主張する客が航空会社を提訴しました。それに対し弁護士は、ChatGPTを用いて類似の判例を引用した資料を作成し、GPTを利用したことには言及せず裁判所に資料を提出しました。しかし、引用された判例が見つからなかったため裁判官が弁護士を問いただしたところ、ChatGPTで資料を作成したことが発覚。これは、ChatGPTが存在しない判例をそれっぽく生成し、資料を作成してしまった顛末です。この弁護士は懲戒処分を検討されています。

　弁護士にとっては、かなりの時間を要する類似事例検索をGPTがやってくれることに相当の魅力を感じたのでしょう。しかし、GPTの負の側面をしっかり理解できていなかった、または理解していても回避方法を知らなかった故に起きた事象です。

　今後はこのような事例が増えてくる可能性が高いと言えます。もちろん、生成AIの活用がより進み、それに伴って技術が進化することで上記のよう

な負の側面を解決する手段や方法論も出てくるでしょう。けれども、今すぐに実用レベルまでたどりつくかはわかりません。その際、AIの本質を理解していない未経験者・初学者ほどAIの真偽を判定できずに鵜呑みにしてしまうことは容易に想像できます。いかにAIとインタラクティブに対話しながら、正しい情報を引き出せるスキルを身につけられるかが重要です（図表13-3）。

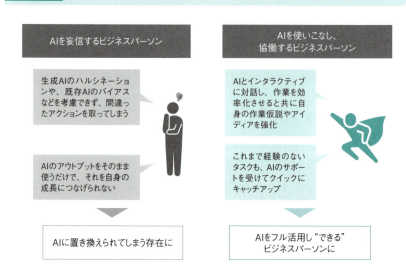

図表13-3　AIを妄信せず使いこなすことで"できる"ビジネスパーソンになる

出所：筆者作成

簡単な改善は自身でこなす

　企業におけるDXについて改めて考えてみましょう。DXの文脈では、従来のビジネスに縛られず自らディスラプションを起こす（創造的破壊と呼ばれます）ことが重要であると言われています。企業が既存の中核ビジネスを変革・強化しながら新規事業を育成し、現実的かつ価値のある事業転換が重要と説いているわけです。このDXにおけるディスラプションを実現するためには、大きく3つの要素が必要です。

　まず、第一段階として調達コスト・業務コストの削減などによる投資余力・稼働余力の創出を狙います。次に第二段階として、得られた投資余力・稼働余力を有効活用し、より安定的なビジネス基盤を作ると共に、成長領域を支える土台を維持すべくAI・デジタル等を活用した既存事業の強化・効率化を推進します。その上で第三段階として、投資余力・稼働余力や既存ビジネスの安定基盤を背景に新規事業へのチャレンジ、新たなビジネス価値の創出、そのスケール化を目指します。これらをうまく進めていくことがデジタルディスラプションのポイントです。

　上記は企業に対する変革の考え方ではありますが、生成AI時代においては、より個人レベルでの変革も起こっていくと考えています。個人が持っている様々なタスクの中でAIに任せられるものはどんどん移管していき、より集中しなければいけない新しいチャレンジ・クリエイティブなアクションに自身の時間を投資できるような人材が、よりマーケットで評価される人材になっていくのではないかということです。

　これまでも上記のような概念はないわけではありませんでしたが、個人の庶務を自動化・効率化しようとしてもどうしても一定のプログラミングやツール活用が必要なため、なかなか個人でやり切ることは難しく、チームや

第13章｜データドリブン型人材を目指すに当たって　281

組織などある一定の組織単位で課題となっている、または効率化したいようなタスクに改革の対象が限られていました。投資対効果の観点からも仕方ないことと言えます。

しかし、生成AIの活用によって個人レベルでの効率化や自動化も気軽に取り組める変化が訪れています。アクセンチュア社内では、個人がセキュリティを担保した上で生成AI活用基盤である"PeerWorker Platform"を展開しており、このプラットフォーム上では、自身で生成AIを活用した簡易アプリが作成できるようにテンプレート等が整備されています。プロンプトエンジニアリングの基礎的な知識を最低限学ぶ必要はありますが、高度なプログラミングスキルがなくとも自身で工夫しながら業務効率化に取り組めるようになっています（図表13－4）。

また、自分専用のアプリにするだけでなく、社内アプリストアに公開して他者に利用してもらうことも可能です。

図表13－4　PeerWorker Platformを通して個人アプリの開発や展開が可能

■簡易アプリ作成

■社内で公開されているアプリストア

出所：筆者作成

こういった取り組みが今後各社で進んでくると、生成AI活用という観点では大きく4つの階層が生じると考えています。

①全社/組織規模での改革テーマに沿って生成AIソリューションを企画・開発する社員
②PeerWorker Platformのような仕組みを使って自身の業務を改善し、個人の価値転換を実現できる社員
③自身では積極的に開発はしない/できないものの、①②の人材が作ったソリューションやアプリを使って業務を改善できる社員
④開発済みのソリューション・アプリもうまく使いこなせない（生成AIの利点を享受できない）社員

当然④は論外ですが、多くのビジネスパーソンは③の階層にとどまることが多いのではないかと思います。しかし、ここまで読み進めていただいた読者の皆様には、ぜひ②の人材を目指していってほしいと思います。それによってAIをうまく使いこなす価値ある人材として今後のビジネスシーンで活躍できると考えます。また、そこでより技術面への興味を持った場合には、ぜひ①のレベルに進出していくような方が増えていくことも期待しています。

人間らしさに回帰する

　ここまで触れてきた通り、多くのビジネス・業務がAIの力によって効率化・自動化されていくのは疑いようのない事実です。それでは、多くのタスクをAIが実行してくれるようになった際、我々人間は個人として何に注力していくべきでしょうか。AIをうまく使いこなすリテラシーや基礎スキルを身につけているという前提は満たした上で、改めて人間らしさに回帰していく必要があるのではないでしょうか。

　筆者らの所属するコンサルティング業界は、海外の先進事例や業界トップ企業のベストプラクティスをもとにクライアント企業へビジネス改革を提言することが多いのですが、これまでは情報の入手自体が難しかったため、その情報格差を埋めることに価値を感じていただけました。しかし、生成AIの登場によって世界中の情報をより簡単に入手できるようになると、情報格差は自然と埋まっていきます。

　その際、コンサルティング企業としての価値を最大化するためには、より企業特有の事情や現場の実態に即した提案ができることやCxOを含めたビジネスオーナーとパートナーとして本気でビジネスに取り組めるかという、<u>フィールドワークでしか得られないところに付加価値が生まれる</u>と考えます。

　上記はコンサルティング業界を例にしましたが、多くの業種でリアルワールドでしか埋められない壁をどう乗り越えるのかが人間に求められるスキル・価値に変わってくることは明白でしょう。

　その中でも、特に皆さんのようなこれからデータドリブン型ビジネス人材に求められるのは、大きく分けて以下の3点と言えます。

①ステークホルダーの意図・感情を理解し、それをモチベートできるリーダーシップ

　これは人間らしさの最たるものと言えます。多くのビジネス活動はデータとして収集・活用がはじまっている昨今ですが、それでも人間の感情に関するデータはまだまだ定量化されていません。当然、AIはあくまでデータを用いて客観的な判断を結果として返しますが、人間側は必ずしも合理的に行動するわけではなく、論理的には正しい変化でも、仕事のやり方を変えることを嫌う人も多く存在します。そういった人に頭ごなしにAIの活用を説いても効果は薄く、相手の感情や意図を理解した上でAI活用へのモチベーションを醸成できるリーダーシップを備える必要があることは明白です。

②過去の知識にとらわれず、新しいアイディアを生み出すアントレプレナーシップ

　生成AIは自身の知識やアイディアの強化に一役買ってくれることはこれまで述べてきた通りです。しかし、それはあくまで知識の抜けもれのチェックに近い効果と言えます。AIはあくまで過去のデータを学習し、その結果をもとに回答しているため、本当の意味で新しいアイディアを出してくれる可能性は高くありません。そのため、AIの出力する結果やアイディアをベースとして活用しつつ、真に新しい部分は人間が自身の経験や感性をもとに生み出していかなければならないことはこれからも変わりません。

③社会的責任や倫理観をもとにした正しいビジネス判断の徹底

　これまでの章でも何度か触れてきましたが、AIは時に倫理的に問題がある結果を生み出したり、一部の顧客やユーザーに不公平な結果を生み出したりします。こうした倫理性・公平性の観点は、現状でもGPTなどの生成AIへの学習が進んでおり、将来的にはさらに強化されるでしょう。

　しかし、それまでビジネス活用を待つわけにはいきませんし、強化されても抜け道も多く残り、いたちごっことなるかもしれません。そのため、人間がAI自身やそのアウトプットをしっかり確認し、AI活用を社会的に問題ない形に整えていく体制や文化を醸成していくことは、人間に引き続き求めら

れる重要なポイントです。

　上記3点は、どれも人間らしさがあってこそはじめて成り立つものです。上記を考慮した上でこれからデータドリブン型ビジネス人材を目指す皆様には、改めてヒューマンスキルを磨くことも忘れないでください。最後はあくまで人間力の勝負になるのですから。

第13章のまとめ

☑ データドリブン型ビジネス人材として、本書で紹介してきたビジネス的・技術的な基礎の理解に加えて、下記の心構えを持つことで、より大きな効果の創出や自身の加速度的成長を実現することが可能となる

①AIを自身のパートナーと考え協働し、お互いを成長させていく。AIの成長のためには、利用後のAIへのフィードバックだけでなく、AIにとってわかりやすいデータ・文書の整備も心がける

②一方で、AIを妄信するのではなく使いこなす。特にハルシネーションなどのAIのリスクを十分に理解した上で、人間が最終確認をおこなうなど全てをAI任せにしない

③生成AI時代では個人レベルでのAI・データ活用も進むため、AI・データ活用を自分事化して捉え、足元の小さな改善は自身でこなしていく気概を持つ

④AIと協働する中で、自身は人間だからこそできることに集中していく。特に、周囲をモチベートするリーダーシップや、真に新しいものを生み出すアントレプレナーシップ、社会的・倫理的なビジネス判断の徹底を意識する

第13章 ｜ データドリブン型人材を目指すに当たって　287

おわりに

　コロナ禍を経て社会全体のデジタル化が進み、業務のデータ化も一定進んでいるように感じる一方で、その蓄積されたデータを活用できていない現場を多く目にします。不確実性が高い世の中だからこそ、社内外の幅広いデータを集め、分析し、それをベースにどう判断できるか否かが問われる昨今、少しでも私たちにできることがないかと考え、本書の執筆をはじめました。

　2023年はChatGPTの登場に大きな衝撃を受けた1年でした。その驚くべき能力に多くの人が衝撃を受け、日々活用し、既に仕事や勉強で手放せない読者も多いことでしょう。一方、GPTは大変便利なサービスではありますが、使い方を選ぶ技術でもあります。

　GPTは大規模言語モデル（LLM）であり、文章の生成やアイディア出しなどには長けていますが、数値データの扱いが得意なわけではありません。様々なデータ活用の手段の「1つ」として捉えるべきです。複数のデータ活用の手段を知り、その特徴（得手不得手）を理解した上で、データ活用のための道具を使い分ける必要があります。筆者自身、生成AIを活用する際には、その他のAI（既存の機械学習）を組み合わせて使うことが多いのも事実です。例えば、本書で紹介している決定木や回帰分析などは、モデルがどのような分析をおこなっているのかを理解することが比較的容易です。

　一方で、生成AIの出力は生成過程がブラックボックスで、多くの場合、なぜそのような出力となったのかはわかりません。また、その技術の特性上、非常に「それらしい」出力をすると共に、「それらしく」見えるだけで事実ではない、「いかにもそれらしい嘘をつく」リスクが高い技術でもあります。今後、世の中のあちらこちらでLLMが「それらしい嘘」を拡散する場面を目にするでしょう。今でも怪しい情報がSNSをはじめ世の中には溢れていますが、生成AIが「人間の手を借りずに」様々な情報を生成する世の中では、正しい情報を見極めることが情報社会を生きていく上で必須のスキルです。また、LLMは人間の生み出した（しかもその多くはネット上に

溢れる）大量のデータを学習しているが故に、よくも悪くも人間的であり、人間のバイアス（偏見）も学習してしまっています。そういった点からも、生成AIの回答を文字通り受け止めることは危険であり、自身で情報を整理、分析する力は、これまで以上に必要となるでしょう。LLMは「いかにもそれらしい言葉で」情報を伝えることに長けていますが、我々は、それらしい言葉ではなく、「事実」を「数値として」伝えるスキルを身につけておく必要があります。

しかし、生成AIの出力結果が「必ずしも事実ではない」からと言って使うことを避けたり、単に疑い深くなるのはいけません。弱点を見極め、人間がうまく補うことでその能力を最大限引き出すことが肝要であると筆者は考えます。

生成AIを活用する時代だからこそ、自らデータを集め、自らの頭で仮説を立て、データでそれを実装する経験が貴重であると感じます。機械学習に関する知識を深く知ることも大切かもしれませんが、狭くというより広く実務として使いこなせることがビジネス現場では重要です。特にビジネス現場におけるデータ分析では、使うデータがどのような背景で発生したものなのか、想像できないと大きな失敗につながることもしばしばあります。そもそもデータすら存在しない部分をどのように扱うのかといった、データやAIで解決しない部分を「人間がどのように補うのか」を考えられるかどうかも問われます。AIに勝つ・負けるといった論調を多々メディアで目にしますが、重要なのはAIに負ける・負けないではなく、そもそも同じ土俵で戦う必要はない点を理解することです。人間にしかできないこと、人間がやった方がよいこと、人間がやるべきことを人間はやればよいのです。人間は、解決すべき課題は何かを考え、人間とAIの特性を踏まえ、AIに解かせるべき課題・論点は何か、自身が解くべき課題・論点は何かを考えるべきでしょう。

生成AIをはじめとする現在のAIの導き出す結果は、学習データ次第であり、時に人から見れば「愚かな」答えを出します。人間がその中身を理解できない恐怖もありますが、むしろ何も考えずにアウトプットを活用することこそ、"真の恐怖"となりうるのではないでしょうか。

大切なのは、データやAIから導き出されたアウトプットがどういったも

のなのか「**まずは自らの頭で思考した上で**」ビジネス現場に組み込むことです。そのためにも、本書で解説してきた知識を身につけた上で、課題を正確に捉え、何がデータで解決できるのか、逆に何がデータでは解決できないのかを見極め、課題解決の道筋を導き出すことが肝要でしょう。**自らがしっかり判断できるからこそ、AIに判断を委ねることができる**のです（筆者自身、自動発注の仕組みなどこれまで人間がおこなっていた意思判断をAIに委ねるような仕組みを多くクライアント企業に提供してきていますが、これも当然、活用するデータとAIの理解が一定あるからこそできることです）。

　読者の皆さんにとって、本書がデータドリブン型ビジネス人材に近づくための一助となることを切に願います。

2024年9月吉日

アクセンチュア株式会社　保科 学世

おわりに　291

参考文献

[1] S. M, P. M, D. R, Tyna Eloundou, "GPTs are GPTs: An Early Look at the Labor Market Impact Potential of Large Language Models," arXiv preprint, 2023.

[2] OpenAI, "ChatGPT," [オンライン]. Available: https://chat.openai.com/

[3] 株式会社情報通信総合研究所, "ビッグデータの流通量の推計及びビッグデータの活用実態に関する調査研究," 2015.

[4] L. M. H, H. H. K, Erik Brynjolfsson, "Strength in Numbers: How Does Data-Driven Decisionmaking Affect Firm Performance?," SSRN, 2011.

[5] Y. K, K. S, Y. Y, D. R, Jungo Kasai, "Evaluating GPT-4 and ChatGPT on Japanese Medical Licensing Examinations," arXiv:2303.18027, 2023.

[6] J. P.-A, M. M, B. X, D. W.-F, S. O, A. C, Y. B, Ian J. Goodfellow, "Generative Adversarial Nets," Advances in neural information processing systems, 27, 2014.

[7] O. V, Q. V. I, Ilya Sutskever, "Sequence to Sequence Learning with Neural Networks," Advances in neural information processing systems 27, 2014.

[8] N. S, N. P, J. U, L. J, A. N. G, L. K, I. P, Ashish Vaswani, "Attention is All you Need," Advances in neural information processing systems, 30, 2017.

[9] M. B, J. C, A. A, A. H.-V, J. W, A. R, G. K, J. W. K, S. K, M. M, A. N, J. B, K. M, J. W, Irene Solaiman, "Release Strategies and the Social Impacts of Language Models," arXiv preprint arXiv:1908.09203, 2019.

[10] TechCrunch, "OpenAI's ChatGPT now has 100 million weekly active users," 6 11 2023. [オンライン]. Available: https://techcrunch.com/2023/11/06/openais-chatgpt-now-has-100-million-weekly-active-users/

[11] "Midjourney," [オンライン]. Available: https://www.midjourney.com/

[12] OpenAI, "DALL・E 3," [オンライン]. Available: https://openai.com/index/dall-e-3/

[13] stability.ai, "Stable Diffusion," [オンライン]. Available: https://ja.stability.ai/stable-diffusion

[14] OpenAI, "whisper," [オンライン]. Available: https://openai.com/research/whisper

[15] PHOTOSHOP. VIP, "ロゴデザイン作成に効く、Midjourneyプロンプトの【新常識】," [オンライン]. Available: https://photoshopvip.net/153856

[16] L. L, K. L, J. W, C.-C. L, Z. L, L. W, Zhengyuan Yang, "The Dawn of LMMs: Preliminary Explorations with GPT-4V（ision）," Microsoft Corporation, 2023.

[17] Google, "Google Gemini," [オンライン]. Available: https://gemini.google.com/

[18] G. Japan, "最大かつ高性能 AI モデル、Gemini を発表 - AI をすべての人にとってより役立つものに," 2023. [オンライン]. Available: https://japan.googleblog.com/2023/12/gemini.html

[19] Microsoft, "Copilot：あなたのAIアシスタントです," [オンライン]. Available: https://www.microsoft.com/ja-jp/edge/copilot

[20] Anthropic, "Claude 2," [オンライン]. Available: https://www.anthropic.com/index/claude-2

[21] E. M, E. M, H. L.-A, K. C. K, S. R, L. K, F. C, K. R. L, F Dell'Acqua, "Navigating the Jagged Technological Frontier: Field Experimental Evidence of the Effects of AI on Knowledge Worker Productivity and Quality," Harvard Business School Technology & Operations Mgt. Unit Working Paper No. 24-013, 2023.

[22] 茨城大学, "大学概要," [オンライン]. Available: https://www.ibaraki.ac.jp/letsgo/faq/index.html

［アクセス日: 29 12 2023］.

［23］ 筑波大学, "大学案内," ［オンライン］. Available: https://www.tsukuba.ac.jp/about/ ［アクセス日: 29 12 2023］.

［24］ yamap, "関東地方の山," ［オンライン］. Available: https://yamap.com/mountains/regions/kanto?id=3

［25］ OpenAI, "New models and developer products announced at DevDay," ［オンライン］. Available: https://openai.com/blog/new-models-and-developer-products-announced-at-devday

［26］ OpenAI, "Data usage for consumer services FAQ," ［オンライン］. Available: https://help.openai.com/en/articles/7039943-data-usage-for-consumer-services-faq ［アクセス日: 28 12 2023］.

［27］ Gigazine, "SamsungのエンジニアがChatGPTに社外秘のソースコードを貼り付けるセキュリティ事案が発生," ［オンライン］. Available: https://gigazine.net/news/20230410-samsung-chatgpt-security-leak/

［28］ OpenAI, "OpenAI Privacy Request Portal," ［オンライン］. Available: https://privacy.openai.com/policies?name=open-ai-privacy-request-portal ［アクセス日: 28 12 2023］.

［29］ OpenAI, "Introducing ChatGPT Enterprise," ［オンライン］. Available: https://openai.com/blog/introducing-chatgpt-enterprise

［30］ S. S. G, M. R, Y. M, Y. I, Takeshi Kojima, "Large Language Models are Zero-Shot Reasoners," Advances in neural information processing systems, 36th: 22199-22213, 2022.

［31］ X. W, Y. L, H. L, Q. V. L, D. Z, X. C, Chengrun Yang, "Large Language Models as Optimizers," arXiv:2309.03409v2, 2023.

［32］ OpenAI, "Prompt engineering," ［オンライン］. Available: https://platform.openai.com/docs/guides/prompt-engineering

［33］ DAIR.AI, "Prompt Engineering Guide," ［オンライン］. Available: https://www.promptingguide.ai/jp

［34］ OpenAI, "Prompt examples," ［オンライン］. Available: https://platform.openai.com/examples

［35］ E. P, A. P, F. P, V. K, N. G, H. K, M. L, W.-t. Y, T. R, S. R, D. K, Patrick Lewis, "Retrieval-Augmented Generation for Knowledge-Intensive NLP Tasks," Advances in Neural Information Processing Systems 33（NeurIPS 2020）, 2020.

［36］ OpenAI, "Fine-tuning," ［オンライン］. Available: https://platform.openai.com/docs/guides/fine-tuning

［37］ Kaplan, Jared, et al. "Scaling laws for neural language models." arXiv preprint arXiv:2001.08361, 2020.

［38］ Henighan, Tom, et al. "Scaling laws for autoregressive generative modeling." arXiv preprint arXiv:2010.14701, 2020.

著者紹介

中畑 良介 (なかはた・りょうすけ)

アクセンチュア株式会社　ビジネス コンサルティング本部
データ&AIグループ　マネジング・ディレクター

大阪大学大学院理学研究科修士課程修了。アクセンチュア入社後、金融業・建築業・小売業など様々な業界で先端のAI・データサイエンス技術を活用した、ビジネスアナリティクス改革の企画から実行までを10年以上にわたり経験。大学などの学術機関とも連携し、防災・減災やESG推進など社会課題の解決に向けた先端技術の社会実装も担当。アクセンチュア社内の分析スキル育成プログラムの立ち上げも経験し、AI・アナリティクスに関する教育の取り組みにも多数関与。『アクセンチュアのプロが教える AI時代の実践データ・アナリティクス』（共著、日本経済新聞出版）、『レスポンシブル・ビジネス サステナビリティで企業を成長させる』（共著、日経ムック）。

張 瀚天 (ちょう・かんてん)

アクセンチュア株式会社　ビジネス コンサルティング本部
データ&AIグループ　AIセンター　フェロー

筑波大学大学院システム情報工学研究科社会工学専攻博士前期課程修了。アクセンチュア入社後、ヘルスケア・通信・小売・金融など業界を問わず、アナリティクス案件に従事。データ分析によるインサイト抽出から、AI構築やその運用支援を中心として経験。アナリティクスのみで終わらせることなく、それをもとにしたアクションまでトータルでの支援に日々奔走。

巣山 剛 (すやま・ごう)

アクセンチュア株式会社　ビジネス コンサルティング本部
データ&AIグループ　マネジャー

2006年株式会社ALBERT入社。メディアサイトの運営やレコメンデーションサービス立ち上げプロジェクトを経験し、2008年日本行動計量学会第36回大会チュートリアルセミナーにて「リコメンデーションの理論と実際」を共同発表。2011年よりデータ分析業務に従事し、小売・卸売・通信・教育・メーカーなど多種多様な業態の分析案件を担当し、2015年日本行動計量学会第43回大会にて「ビッグデータからの未来予測モデル構築」を単独発表。2023年6月アクセンチュア株式会社に転籍。『データ集計・分析のためのSQL入門』（共著、マイナビ出版）。

井田 佳祐 （いだ・けいすけ）

アクセンチュア株式会社　ビジネス コンサルティング本部
データ＆AIグループ　マネジャー

早稲田大学大学院文学研究科人文科学専攻心理学コース博士後期課程単位取得満期退学。博士（文学）。2018年株式会社ALBERTに入社。通信・小売における分析案件を経験したのち、複数の企業におけるAI・データサイエンス人材育成の企画・デリバリーに従事。2023年アクセンチュア株式会社に転籍。企業におけるAI・データサイエンス人材育成に継続して携わる他、複数の大学のデータサイエンス講座において講師・ゲストスピーカーとして登壇。

岩﨑 達哉 （いわさき・たつや）

アクセンチュア株式会社　ビジネス コンサルティング本部
データ＆AIグループ

東北大学大学院修士課程修了。教育学（修士）。事業会社にてDX・データ分析実務を経験し、2023年にアクセンチュア入社。AI・データサイエンス人材育成プロジェクトに業界横断的に従事。現在も継続してデータサイエンス人材育成プロジェクトに従事し、幅広いクライアント企業の研修講師としても多数登壇。

【監修者】

保科 学世 （ほしな・がくせ）

アクセンチュア株式会社　執行役員　シニア・マネジング・ディレクター
データ＆AIグループ日本統括　AIセンター長
アクセンチュア・イノベーション・ハブ東京共同統括

慶應義塾大学大学院理工学研究科博士課程修了。博士（理学）。アクセンチュアにてAI・アナリティクス部門の日本統括、およびデジタル変革の知見や技術を結集した拠点「アクセンチュア・イノベーション・ハブ東京」の共同統括を務める。AI HUBプラットフォームや、業務領域ごとに体系化したAIサービス群「AI POWERED サービス」などの開発を統括すると共に、アナリティクスやAI技術を活用した業務改革を数多く実現。『データドリブン経営改革』（日本経済新聞出版）、『生成AI時代の「超」仕事術大全』（共著、東洋経済新報社）、『責任あるAI』（共著、東洋経済新報社）、『アクセンチュアのプロが教える AI時代の実践データ・アナリティクス』（共著、日本経済新聞出版）、『HUMAN＋MACHINE 人間+マシン』（監修、東洋経済新報社）、『アクセンチュアのプロフェッショナルが教える データ・アナリティクス実践講座』（監修、翔泳社）など著書・監修書多数。厚生労働省保健医療分野AI開発加速コンソーシアム構成員などを歴任。一般社団法人サーキュラーエコノミー推進機構理事。

外資系コンサルのデータ分析技法

生成AIを使いこなすデータスキル

2025 年 2 月 11 日発行

監修者――保科学世
著　者――アクセンチュア データ&AIグループ
発行者――山田徹也
発行所――東洋経済新報社
　　　　　〒 103-8345　東京都中央区日本橋本石町 1-2-1
　　　　　電話 = 東洋経済コールセンター　03(6386)1040
　　　　　https://toyokeizai.net/

ブックデザイン……成宮成(dig)
Ｄ Ｔ Ｐ……………アイランドコレクション
製　版…………朝日メディアインターナショナル
印　刷…………TOPPANクロレ
編集担当…………若林千秋
©2025 Accenture Global Solutions Limited　　　Printed in Japan　　　ISBN 978-4-492-55840-9

　本書のコピー、スキャン、デジタル化等の無断複製は、著作権法上での例外である私的利用を除き
禁じられています。本書を代行業者等の第三者に依頼してコピー、スキャンやデジタル化することは、
たとえ個人や家庭内での利用であっても一切認められておりません。
　落丁・乱丁本はお取替えいたします。